Ich wünsche dir Gelassenheit

Löse dich von den Gedanken, dass nur du ganz
allein alles selbst machen musst.

Lass dich und die Dinge los und geh auf
im Seinlassen bloß.

Lass ab von der Hast, denn wer nur rennt, hat das
Schönste verpasst.

Lass die Dinge einfach gehen und freu dich am
Sinn, am Hier und Jetzt und dem Leben.

Birgit Terletzki

Birgit Terletzki

Endlich gelassen leben

Bibliografische Information der Deutschen Nationalbibliothek:
Die Deutsche Nationalbibliothek verzeichnet diese Publikation in der Deutschen Nationalbibliografie; detaillierte bibliografische Daten sind im Internet über www.dnb.de abrufbar.

Wichtiger Hinweis:
Der Autor hat bei der Erstellung des Buches nach besten Wissen und Gewissen gehandelt. Er übernimmt keinerlei Gewährleistung bezüglich Vollständigkeit, Genauigkeit und Praktikabilität, der in diesem Buch vorgestellten Informationen. Es werden ferner keinerlei Garantien bezüglich der zu erzielenden Erfolgschancen gegeben. Dieses Buch ersetzt keine Diagnose und keine medizinische Behandlung. Jeder Leser trägt selbst die Verantwortung für die Nutzung und Umsetzung der hier vorgestellten Informationen. Eine Haftung für Fehler ist ausgeschlossen.

Umschlaggestaltung: Marc Bratek, Jochen Frieler
Lektorat und Korrektorat: Genya Bieberbach

Herstellung und Verlag: BoD – Books on Demand, Norderstedt

1. Auflage 2015
ISBN: 978-3-73863-351-1

Bitte besuchen Sie uns auch im Internet unter der Adresse:
www.gesundheit-lenkt-energie.de

Einleitung 7

Teil 1

Wissenswertes rund um das Thema Stress 11

Daten und Fakten 12

Warum Stressbewältigung so oft scheitert 13

Stress – was ist das 15

Wie reagiert unser Körper auf Stress 20

Teil 2

Stress loslassen, heißt Veränderung 26

Werden Sie aktiv 28

Übernehmen Sie das Kommando 35

Akzeptier was ist 54

Denken Sie positiv 61

Seien Sie dort, wo das Leben stattfindet 71

Teil 3

Was du heute kannst besorgen   78

Teil 4

Kommen Sie in Bewegung   85

Bewegt durch den Alltag   93

Entspannen Sie   95

Atmen Sie den Stress weg   110

Teil 5

Essen Sie den Stress weg   120

Teil 6

Notfallkoffer bei Stress   124

So entspannen Sie am Arbeitsplatz   130

Teil 7

Fügen Sie alles zusammen 132

  Leserfragen 135

  Merkblätter 145

Über die Autorin 146

Danksagung 148

Einleitung

Immer mehr Menschen geraten im modernen hektischen Alltag unter Leistungsdruck. Probleme in der Familie, am Arbeitsplatz, randvolle Terminkalender, Anpassungen an neue berufliche Herausforderungen, all das sind Stressauslöser. Ebenso setzen Arbeitgeber beispielsweise eine ständige Erreichbarkeit ihrer Mitarbeiter per E-Mail oder Handy voraus – was ein Abschalten vom Job nahezu unmöglich macht. Heutzutage gibt es kaum einen Lebensbereich, der nicht mit Stress in Zusammenhang gebracht wird. Viele Menschen leben sogar in einem „Stressdauerzustand".

Doch permanente Anspannung, aber auch Überforderung können die innere Balance rasch aus dem Gleichgewicht bringen. Unser Organismus kann die Stresssituation nicht mehr, wie etwa die Natur es ursprünglich vorsah, durch Flucht oder Angriff lösen. Wir sitzen stattdessen den Stress am Schreibtisch aus. In dieser Lage fehlt uns die körperliche Gegenreaktion, die unsere Stresshormone auf natürlichem Wege wieder normalisieren lassen. Aufgrund der immerwährenden Belastung wird der Körper in einer ständigen Aktivierung gehalten. Das bleibt durchaus nicht folgenlos, zumal bei Dauerstress der Körper an seine Belastungsgrenzen gerät, was deutliche gesundheitliche Spuren hinterlässt.

Wer früher gestresst war, galt als Wichtigtuer. Heute zieht sich Stress durch alle Altersklassen. Kein Wunder, unser Leben ist im Vergleich zu damals um ein Vielfaches schneller, komplexer, automatisierter und globaler geworden. Nicht zu vergessen der Dauerbeschuss der Werbe- und Medienwelt, dem wir rund um die Uhr, tagein, tagaus, ausgesetzt sind – bewusst wie auch unbewusst. Bemerkungen wie: „War das ein stressiger Tag.", „ Zur Zeit habe ich extrem viel Stress auf der Arbeit." oder „Ich bin total gestresst." hört man ständig und überall. Solche Aussagen deuten auf einen allgemeinen Gemütszustand hin. Jedoch wissen nur wenige, was sich tatsächlich hinter dem Begriff verbirgt: ein winziges Wort, welches höchst machtvoll ist und extreme Gefahren in sich birgt.

Vermutlich haben Sie schon mehrere Publikationen zum besagten Thema gelesen. Waren sie erfolgversprechend? Fehlten gewisse Ansätze, um einen nachhaltigen Erfolg zu erlangen? Viele meiner Seminarkunden äußerten den Wunsch nach einem „Handwerksbüchlein", das sie auf ihrem weiteren Weg der aktiven Stressbewältigung begleitet. Nach langem Zögern entschied ich mich, der Bitte nachzugeben. Es ist keines der typischen Bücher, die es auf dem Markt gibt. Sie erhalten durchaus zahlreiche Impulse, wie Sie aufkommenden Stress sofort umgehen können. Dennoch gehe ich einen ganz entscheidenden Schritt weiter. Ich begleite Sie auf eine Reise zu Ihrem wahren ICH. Ich möchte Ihnen den Blick dafür öffnen, dass zahlreiche

Verhaltensmuster, die Sie über die Jahre hinweg durch Erfahrungen gesammelt, abgespeichert und antrainiert haben, Sie in das Hamsterrad Stress beförderten. Ich lade Sie ein, sich wieder auf sich selbst zu konzentrieren, als Individuum wahrzunehmen, auf die eigenen Gefühle zu hören und zu vertrauen. Diese Reise ist Grundlage für ein erfolgreiches Stressmanagement. Alle aktiven Impulse, die meiner Meinung nach nur als kurzfristige Lösung zur Stressbewältigung dienen, können Sie so nutzen, um aus Ihrem Fundament ein stabiles Anti-Stress-Haus zu bauen.

Damit Sie das Optimum aus dem Buch herausholen, empfehle ich, es einmal vollständig durchzulesen. Betrachten Sie es als eine Art Roman, der Sie in einen relaxten Feierabend begleitet. Kaufen Sie sich am besten ein leeres Notizbuch mit einem dekorativen Einband und schreiben Ihren Namen darauf. In dieses Büchlein können Sie Ideen, Aha-Erlebnisse und Übungen, die Sie in Ihren Alltag integrieren möchten, notieren Es wird Ihr ganz persönlicher Begleiter auf dem Weg der Gelassenheit sein, und sehr viel über Sie wissen.

Haben Sie das Buch komplett durchgelesen, lesen Sie am besten jedes einzelne Kapitel nochmals, um sich auf Ihren individuellen Weg mit dem Ziel eines stressfreien und entspannten Lebens zu begeben.

Ich wünsche Ihnen, dass Sie mit meinen Impulsen erfolgreich und voller Freude den Weg der Stressbewältigung gehen. Seien Sie sich bewusst, was wirklich wichtig ist in Ihrem Leben.

Nutzen Sie Ihr Potenzial. Gestalten Sie Ihr Leben wieder selbst. Erfreuen Sie sich daran. Beginnen Sie im Hier und Jetzt zu LEBEN.

Teil 1

WISSENSWERTES RUND UM DAS THEMA STRESS

Daten und Fakten

Die Auswirkungen von Stress werden noch immer unterschätzt. Er schadet nicht nur den Unternehmen und der Wirtschaft, er wird auch als größte Gesundheitsgefahr des 21. Jahrhunderts genannt. Zudem ist Stress die Hauptursache bei circa 70 % aller Krankheiten (Quelle WHO). Aufgrund dieser Tatsache ist es besonders wichtig, *Stress als Ursache zu begreifen. Die eigenen Stressoren zu erkennen und einen bewussteren Umgang mit belastenden Situationen im Alltag zu erlernen, ist Voraussetzung für mehr Gelassenheit.*

Die Zahl der Fehltage aufgrund psychischer Erkrankungen, aber auch die der Muskel- und Skeletterkrankungen steigen seit Jahrzehnten stetig an. Muskel-Skelett-Erkrankungen sind die häufigste Ursache für Arbeitsunfähigkeit in Deutschland. In Statistiken rangieren sie seit Jahren an erster Stelle. Beide Krankheitsarten sind unter anderem auf zu viel Stress zurückzuführen.

Neben den Belastungen im privaten Bereich besteht ein wesentlicher Auslöser darin, dass wir im Joballtag immer mehr Stress ausgesetzt sind. Bekanntermaßen entstehen demzufolge nachweislich eher Fehler und wir sind weniger produktiv. Aber auch die Gesundheit leidet, es folgen gesundheitliche Beeinträchtigungen und Erkrankungen. Über kurz oder lang werden wir mit uns und unserer Umwelt unzufrieden – bewusst oder auch unbewusst.

Lassen Sie es erst gar nicht so weit kommen und ziehen Sie jetzt die Reißleine. Betrachten Sie Stressbewältigung als einen Teil Ihrer Gesundheit und beginnen Sie Ihr individuelles Lebenskonzept zu gestalten.

Genau das ist für mich Gesundheit – ein individuelles Lebenskonzept, in welchem aktive Stressbewältigung ein fester Bestandteil ist. Nutzen Sie Ihr Potenzial und freuen Sie sich wieder auf ein stressfreies Leben – auf IHR Leben.

Warum Stressbewältigung oft scheitert - die häufigsten Fehler

Wohin wir schauen, Stress begleitet jeden von uns überall. Er steht an erster Stelle der fünf häufigsten Gesundheitsbeschwerden der Deutschen, dicht gefolgt von Beschwerden wie Ermüdungserscheinungen, Übergewicht, Schlafstörung und hohem Blutdruck. All jene Faktoren sind ebenfalls die Folge von negativem Stress.

Das Thema Stress hat sich in den letzten Jahren zu einem immer größer werdenden gesellschaftlichen Problem entwickelt. Doch warum scheint es kein Entrinnen aus diesem Teufelskreis zu geben? Zumindest lassen das die Zahlen vermuten. Worin liegen die großen Diskrepanzen zwischen den Möglichkeiten der Stressbewältigung und den Werten der Krankenstatistiken?

Aus meiner Erfahrung und dem Austausch mit Seminarteilnehmern stelle ich immer wieder fest, dass oftmals ein Patentrezept zur Stressbewältigung erwartet wird. Da heißt es nicht selten: „… bei Herrn Soundso hat die Strategie doch aber funktioniert, warum klappt es bei mir nicht?" Genauso verhält es sich in vielen einschlägigen Büchern. Diese suggerieren oft, dass Sie mit kurzfristigen Möglichkeiten ab sofort keinen Stress mehr verspüren oder dass es genügt, sich mit verschiedenen Entspannungsvarianten auseinanderzusetzen. Aber so einfach ist das nicht. Damit Sie erfolgreich und langfristig Ihre Ressourcen stärken und Stress vermeiden können, müssen Sie die Ursachen für die Stressentstehung kennen.

Bei der Stressbewältigung geht es nicht nur um das Erlernen von Entspannungsmethoden, gesunder Ernährung und Bewegung. Hier geht es vor allem darum, die eigenen Verhaltensweisen wirklich ehrlich zu analysieren, Gedanken zu steuern, Achtsamkeit zu leben und seine eigenen wahren inneren Bedürfnisse zu erkennen. Erst wenn Sie all diese Faktoren berücksichtigen und Stressbewältigung als ein individuelles Lebenskonzept betrachten, erzielen Sie langfristigen Erfolg bei der Stressprävention.

Stress ist komplex. Er umfasst alle Lebensbereiche, sodass kein Bereich ausgenommen werden darf. Stress ist individuell – Sie sind individuell – somit ist Stressbewältigung individuell.

Erfolgreiches Stressmanagement basiert auf einem maßgeschneiderten Konzept, bei welchem alle Möglichkeiten eingebunden werden. Es ist ein Lebenskonzept, das immer und immer wieder den aktuellen Situationen angepasst werden muss. Was heute für Sie Stress bedeutet, kann morgen schon eine stressmindernde Ressource sein.

Akzeptiere Dich und das, was ist, und lerne loszulassen.

Mit dieser Einstellung gehen Sie einen entscheidenden Schritt in Richtung Stressbewältigung.

Stress - was ist das?

Was ist Stress? Wir alle reden darüber, doch was bedeutet „Stress" und wie wirkt er sich auf unseren Organismus aus?

Stress bedeutet zunächst einmal für jeden etwas anderes, denn, wie schon erwähnt, ist Stress individuell. Er ist zudem ein lebensnotwendiger Vorgang, der uns in Notsituationen das Leben retten soll. Stress kann uns auch beflügeln, uns zu Höchstleistungen bringen, so dass wir Herausforderungen überhaupt erst meistern können. Hierbei sprechen wir von positivem Stress. Allerdings, und hier besteht die eigentliche Gefahr, kann solch eine Situation sehr schnell ins Gegenteil kippen. Positiver Stress schlägt dann in negativen Stress um, sobald zahlreiche Stressfaktoren über einen langen Zeitraum in Folge auftreten. Der Begriff „Stress" kommt ursprünglich aus dem Englischen und bedeutet Druck oder Anspannung. Anfangs bezog sich Stress auf eine rein körperliche Belastung und ist ein uraltes Programm unserer Gene. Es ist eine Kampf-Flucht-Reaktion auf bedrohende Stressauslöser. Innerhalb kürzester Zeit ist unser Organismus kampf- und fluchtbereit. Er wird in Alarmbereitschaft gesetzt, um zu reagieren. Ist die Gefahr vorüber, entspannt sich der Organismus wieder. Wenn wir aber nun in dauernder Anspannung verharren, wirkt sich Stress negativ aus. Wir werden langfristig gesehen krank. Früher ging es um das eigene Leben. Heute empfinden wir Stress eher, sobald wir uns in unserem Selbstwertgefühl bedroht und uns überfordert fühlen und nicht in der Lage sind, die stressigen Situationen zu kontrollieren, sie mit eigenen Mitteln und Ressourcen abwenden zu können. Wie lautet Ihre spontane Antwort auf die Frage, was Sie am meisten belastet?

In der folgenden Statistik ist deutlich zu sehen, was Berufstätige überwiegend belastet. Diese Antworten decken sich mit denen, die auch meine Seminarteilnehmer(innen) immer wieder angeben.

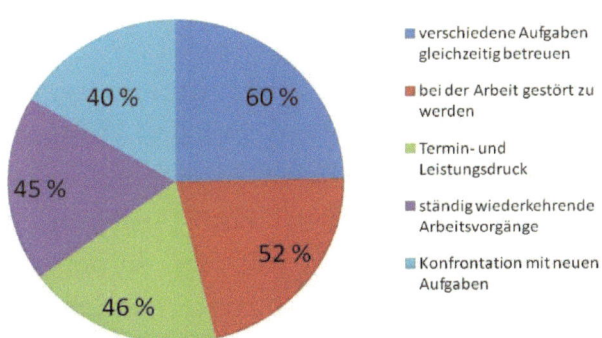

Stress entsteht aus dem Verlust der Kontrolle, aus dem Gefühl, einer Situation scheinbar ausgeliefert zu sein, welche man selbst nicht beeinflussen kann.

Ob Sie negativen (Disstress) oder positiven (Eustress) Stress empfinden, hängt sowohl von Ihnen selbst als auch von Ihrer persönlichen Stresstoleranzgrenze ab, welche aufgrund Ihrer bisher gewonnenen Lebenserfahrungen und Ihren Persönlichkeitsmerkmalen entstand. Diese ist ausschlaggebend dafür, welchen Belastungen Sie standhalten können.

Die Stresstoleranzgrenze ist eine flexible Grenze, die abhängig von Ihrer jeweiligen Tagesform und den gegebenen Umwelteinflüssen ist. Ob und welche Art von Stress Sie empfinden, ist abhängig von Ihrer momentanen Lebenssituation, Ihrer Verfassung, Ihren Lebenserfahrungen,

Persönlichkeitsmerkmalen, den Umwelteinflüssen und der aktuellen Situation.

Wir haben es nicht mit einmaligen Stresssituationen zu tun. Es ist bereits der ganz normale Alltag, der uns krank macht. Wir können uns dem nicht entziehen und genauso wenig darauf hoffen, dass sich das „Außen" zum Positiven ändert. Uns bleibt nichts anderes übrig als zu lernen, damit umzugehen, bestimmte Stressauslöser zu vermeiden bzw. zu minimieren.

Ein Allgemeinrezept gibt es dafür aber nicht, denn wie schon gesagt: Stress ist individuell und Sie sind individuell. Ich betrachte für mich Stressbewältigung als ein Lebenskonzept, ein Konzept mich und mein Leben zu erforschen.

Leben ist Wandel und genauso wandelt sich auch das Verständnis und Gefühl von Stress.

Das, was Sie heute stresst, kann Sie morgen schon wieder beflügeln.

Ein erfolgreiches Stressmanagement besteht darin, die eigenen Stressoren zu erkennen, um diese gezielt zu meiden, auszuschalten, zu reduzieren – kurz gesagt: sie zu umgehen, aber auch die persönlichen Ressourcen zu entdecken, zu nutzen und zu aktivieren. Genauso wichtig ist das Praktizieren von Achtsamkeit, welche Ihnen ein selbstbestimmtes Handeln ermöglicht. Bewegung baut Stress ab, ebenso lässt eine gesunde Ernährung Ihren Stresspegel und die damit verbundenen Folgen effektiv senken. Wichtig ist auch regelmäßige Entspannung. Sie ist Balsam für Körper, Geist und Seele und gibt uns wieder Kraft und Energie. Nicht zu vergessen: die Zeit. Sie spielt eine zentrale Rolle bei dem Thema Stressbewältigung. Ein alltagstaugliches Zeitmanagement ist das A und O für mehr Freiraum im Alltag.

Stress beginnt in der Steinzeit

Stress gibt es bereits seit Jahrtausenden, nur die Qualität hat sich geändert. Stress ist eine Strategie unserer Psyche. Diese soll uns vor lebensbedrohlichen Situationen schützen. Es ist ein automatisch ablaufendes Programm, welches heute noch genauso besteht wie damals, auch wenn sich die Bedrohungen im Laufe der Zeit veränderten. Wir müssen uns heute mit anderen existenzgefährdenden Situationen auseinandersetzen. Doch auch die zeitliche Dimension hat sich verändert. Die kritischen Stresssituationen haben sich heute in eine lang anhaltende permanente Dauerüberlastung gewandelt. Die früheren Bedrohungen von Körper und Leben gingen in andauernde seelische und psychische Belastungen über. Das Programm der Psyche blieb jedoch über Jahrtausende hinweg gleich.

Wenn Sie sich die Entwicklungsgeschichte und das Programm der Psyche genauer anschauen, ist es geradezu paradox, dass Stress krank macht. Er soll uns vor Bedrohungen schützen und das Überleben sichern. Hält jedoch Stress dauerhaft an, dann kippt der Schutzmechanismus ins Gegenteil. Nun schädigt er uns und wirkt teilweise lebensbedrohlich.

Wie reagiert unser Körper auf Stress? Was passiert in unserem Körper bei Stress?

Stress ist – evolutionär gesehen – ein sehr alter Mechanismus, der auch heute noch wirkt und bei kurzfristiger Belastung aktivierend oder gar überlebenswichtig sein kann. Biologisch gesehen, ist Stress ein sinnvolles Programm unseres Körpers und rettete unseren Vorfahren oft das Leben. Unter Stress wird der gesamte Organismus aktiviert, die Folgen einer Stressaktion sind so umfassend, dass sie kaum einen Bereich des Körpers auslassen.

Sobald eine stressige Situation eintritt, vollziehen Körper und Geist einen Turbostart – in Sekundenschnelle aus der Ruhe in den Kampf oder die Flucht. Somit wird der gesamte Organismus in eine erhöhte Alarm– und Handlungsbereitschaft versetzt, was sich unter anderem auf die Muskulatur, Atmung und den Kreislauf auswirkt. Aber auch die Verarbeitung von Informationen im Gehirn verändert sich. Die Durchblutung der Verdauungsorgane wird auf ein Minimum reduziert. Der Körper schüttet einen wahren Hormoncocktail aus, der Organismus beginnt verstärkt Energie in Form von Zucker und Fetten zu produzieren, um kurzfristig leistungsfähiger zu sein. Das erklärt unter anderem den Heißhunger nach Süßem und Fettem. Die Bauchspeicheldrüse schüttet verstärkt Insulin aus, um den Zucker in die Zellen zu transportieren. Das kann bei Dauerstress zu Diabetes führen. Des Weiteren steigen Blutdruck und Herzfrequenz an, die Atmung wird schneller, das Blut wird mit mehr Sauerstoff angereichert und zu den Muskeln umgeleitet. Somit wird kurzfristig mehr Energie erzeugt. Sie merken das daran, dass sich Ihre Muskeln anspannen. Bei Dauerstress führt das dann zu Herz-Kreislauf-Erkrankungen und Muskelverspannungen.

Stress hat jedoch auch auf unser Gehirn Einfluss. Zunächst einmal nimmt das Denk- und Erinnerungsvermögen zu, das Schmerzempfinden sinkt. Der Bereich des Lern- und Erinnerungsvermögens wird aktiviert. Tritt jedoch keine Entspannungsphase ein, führt dies zur Minderung der Leistungsfähigkeit und des Denkvermögens bis hin zu Depressionen.

In der Summe entsteht ein Zustand von hoher körperlicher Leistungsfähigkeit, die unseren Vorfahren im Kampf oder in Notsituationen das Überleben möglich machte. War der

Angriff bzw. Kampf vorbei, ließ die Anspannung nach, das Erregungspotential ging zurück und der Organismus regenerierte sich und schaltete wieder auf „Normalzustand".

Diesem sehr wirkungsvollen Mechanismus können vor allem Berufstätige heute in der Regel nicht mehr vertrauen. Sie sind in Betrieben beschäftigt, gefangen in einem Geflecht aus Stressoren betrieblicher Art, persönlichen Risikofaktoren, aber auch vom eigenen Verhalten. Das natürliche Gleichgewicht von Anspannung und Entspannung ist gestört, da wir auf einem steten und viel zu hohen Erregungspotential quasi sitzen bleiben. Die angestaute Energie macht sich bemerkbar, indem wir uns beispielsweise als Opfer fühlen, den Ausweg aus der Situation nicht finden, an Probleme denken, statt Lösungen zu suchen, oder unsere Gedanken sich im Kreis drehen.

Bereits bei dieser recht kurzen Aufzählung möglicher gesundheitlicher Schäden wird deutlich, dass nichts mehr in unserem Körper so funktioniert, wie es sollte.

Wird Stress also zum Dauerstress, dann führt dies zum „Normalzustand" mit Langzeitfolgen.

Wie oben erwähnt, verengen sich bei Stress die Atemwege, das richtige Atmen fällt uns schwerer. Kurzfristig ist das für den Körper in Ordnung. Sind wir aber in ständiger Anspannung, sind auch die Atemwege permanent verengt. Daraus können langfristig Atemprobleme oder Asthma entstehen. Genauso verhält es sich mit den anderen

Körperfunktionen. Es ist also nicht verwunderlich, dass Herz-Kreislauferkrankungen, Bluthochdruck, Schlaflosigkeit, geschwächtes Immunsystem, aber auch Rückenschmerzen sowie Muskel-und Gelenkbeschwerden die häufigsten Gesundheitsbeschwerden der Deutschen sind. Alles eine Folge von Dauerstress. Auch wenn Sie immer häufiger unter Müdigkeit, Konzentrationsstörungen, Verdauungsstörungen, Muskelzuckungen, Gewichtszunahme– oder abnahme leiden, kann das die Folge von Stress sein.

Doch neben den körperlichen Gefahren übt Stress auch einen nicht unerheblichen Einfluss auf den mentalen und emotionalen Zustand aus. Die Art, wie wir denken und fühlen, ändert sich in Abhängigkeit vom Stresslevel.

Jene, die über einen längeren Zeitraum Stress erfahren, werden meist folgende Symptome bei sich feststellen:

<u>Depression</u>
Zweifellos wirken sich Gefühle der Hilflosigkeit und Frustration auf unsere Art zu denken aus. Sehr viele Menschen verlieren so mit der Zeit ihr Selbstvertrauen. Oft ist das ein schleichender Prozess. Es manifestiert sich umso mehr, wenn Erfolge ausbleiben oder wir das Gefühl haben, wieder eine Aufgabe nicht zur vollsten Zufriedenheit geschafft zu haben.

Wut

Stressige Momente lösen Frustration aus, die in vielen Fällen in Wut umschlägt. Lang anhaltender Stress führt häufig dazu, dass wir uns unfair behandelt fühlen oder beginnen, andere Menschen für die eigene Situation verantwortlich zu machen. Wir verlieren den Blick für das Wesentliche und begeben uns in ein Gedankenkarussell, das sich immer unabhängiger und schneller dreht. Wir können nicht mehr klar denken.

Reizbarkeit, Stimmungsschwankungen

Stressige Situationen, aber auch der bloße Gedanke an solche können ohne Vorwarnung extreme Stimmungsschwankungen und –wechsel auslösen. Wir sind gereizt und fühlen uns ungerecht behandelt. Das löst bei einigen Wut, Ärger oder langfristig Depressionen aus.

Anhaltender Stress beeinflusst aber auch die Lebensfreude. Darüber hinaus kann Dauerstress fast jede Alltagssituation beeinflussen, mit der wir konfrontiert werden. Er kann zu einem grundlegenden Gefühl von Traurigkeit führen. Wir fühlen uns hilflos und gefangen in uns selbst, fühlen uns als Opfer und haben den Blick für das Wesentliche verloren. Wir denken in Problemen und nicht in Lösungen. Weitere Hinweise von zu viel Stress sind der Interessenverlust an Hobby, Familie, Beruf sowie Panikattacken, allgemeine Angst und Besorgnis. Er beeinflusst jeden Bereich Ihrer Gesundheit:

körperlich, mental und emotional. Ebenso hat er Auswirkungen auf Ihre Mitmenschen und Ihre Umgebung. Stress macht krank und raubt Ihnen die Lebensfreude.

Seien Sie also ehrlich zu sich selbst, hinterfragen Sie Ihr momentanes Leben und analysieren Sie Ihre persönlichen Stressauslöser.

Teil 2

Stress loslassen, heißt aktiv zu werden

Stress loslassen, heißt Veränderung.

Bevor wir in die Tiefen des Stressmanagements eintauchen, ist es wichtig, einige Vorbereitungen zu treffen. Wer orientierungslos alle Impulse sofort in die Tat umsetzen will, hat schon verloren. Das bedeutet zunächst einmal, sich bewusst zu werden, dass Stress

a) eine natürliche Reaktion ist

b) prinzipiell durch jede Situation ausgelöst werden kann und

c) primär von der individuellen Bewertung abhängt.

Ihre Einschätzung der Situation ist ausschlaggebend für Ihr Stressempfinden. Spüren Sie die wahren Ursachen für Ihr Stressempfinden auf. Sie allein kennen Ihre Baustellen, Vorzüge und Stärken und Ihre empfindlichen Bereiche am besten. Sind die Gründe für Stress bekannt, lassen sich im folgenden Schritt Veränderungen planen, die dann auch Erfolg zeigen. Nehmen Sie immer nur eine Veränderung vor. Diese praktizieren Sie im Idealfall tagtäglich mindestens vier Wochen, damit sich daraus eine gute Gewohnheit, ein Automatismus entwickelt. Auf die Gründe gehe ich später noch genauer ein.

Stellen Sie Ihren gesamten Lebensbereich auf die Prüfwaage. Gehen Sie jedoch nur Einzelmaßnahmen an, werden Sie kurzfristig einen netten Effekt erzielen. Nach kurzer Zeit geraten Sie aber schnell wieder in den alten Trott und in den Teufelskreis Stress hinein.

Werden Sie aktiv!

Dieser Teil des Buches ist Ihr eigentliches Werkzeug, um langfristig Stress umgehen zu können – am besten zu meiden. Aus diesem Grunde sollten Sie sich hierfür wirklich viel Zeit lassen. Lesen Sie sich gegebenenfalls ein Kapitel mehrmals durch und verinnerlichen Sie es. Nutzen Sie auch Ihr hübsches Notizbuch, um sich schon während des Lesens Notizen zu machen und Gedanken niederzuschreiben.

„Was wir nicht schaffen, müssen wir loslassen, sonst schafft es uns." (Ernst Ferstl)

Überlegen Sie sich, welche Dinge bei Ihnen Stress auslösen. Dazu ist es wichtig, all die Faktoren zu kennen, die zu Stress führen können. Ich nenne diese im Folgenden Stressoren. Stressoren bezeichnen alle äußeren und inneren Anforderungen. Die meisten Stressoren sind Reaktionen auf unser Denken, Fühlen den Umgang mit bestimmten Dingen und Situationen. Wirken diese auf uns negativ ein, sind wir durchaus in der Lage, sie durch unser Verhalten umzuwandeln beziehungsweise auszuschalten.

Anders sieht es mit wenigen äußeren Stressoren aus. Hier heißt es, sie möglichst zu minimieren oder zu neutralisieren.

Nachfolgend möchte ich Ihnen einige Stressoren aufzeigen. Diese Aufzählung gibt Ihnen die Gelegenheit, sich bewusst zu werden, was tagtäglich alles auf Sie einwirkt. Sie hilft Ihnen zu erkennen, welche Reize Sie stressen und bei welchen Einflüssen Sie gar keine Schwierigkeiten haben beziehungsweise welche Sie gut kompensieren können. Genauso werden Sie feststellen, dass es Dinge gibt, die nur Sie stressen, die aber für andere Personen kein Problem darstellen.

Faktoren, die Stress auslösen können:

organisatorische Stressoren wie zum Beispiel: bürokratische Strukturen, unklar definierte Kompetenzen, starre Hierarchien, Großraumbüros, überlange Arbeitszeiten, Globalisierungen

personenbedingte Stressoren wie zum Beispiel: Ängste, Konflikte zwischen Beruf und Familie, Einsamkeit, Scheidung, Schulprobleme der Kinder, Unsicherheiten, finanzielle Probleme, negative Denkmuster, zu hohe Erwartungen, Hilflosigkeit, monotone Arbeit, schlechte Lebens- und Arbeitsbedingungen chemische Stressoren wie Chemikalien, Drogen, Umweltgifte, Strahlung, Alkohol, Nikotin, Fastfood, regelmäßige Medikamenteneinnahme

Seelische Stressoren wie Zeitdruck, Leistungsüberforderung, Leistungsunterforderung, Prüfungssituationen, übertriebenes Verantwortungsgefühl, Versagensängste, Perfektionsdrang,

Soziale Stressoren wie der Verlust von Angehörigen, Ablehnung von Menschen, Gruppendruck, Mobbing, Rivalität, Meinungsverschiedenheiten, Armut

Körperliche Stressoren wie Infektionen, Verletzungen, Lärm, Hitze, Kälte, Hunger, Bewegungsmangel, Diäten, Schlafmangel, Schichtdienst, Übergewicht

Gesellschaftliche Stressoren wie Informationsüberflutung, Rollenabhängigkeit

Typische Situationen, die Stress auslösen, sind beispielsweise die Suche nach einer neuen Arbeitsstelle, der Jobverlust, Scheidung genauso wie Heirat, der Tod oder die Krankheit des Partners, eines Familienangehörigen oder eines Freundes, Schwangerschaft und Geburt, Umzug, aber auch die mögliche eigene Krankheit – nicht zuletzt eventuell daraus resultierende körperliche Beeinträchtigungen.

Ich habe Ihnen hier nur einen Bruchteil an möglichen Stressoren aufgezeigt. Auch ist zu beachten, dass stressauslösende Situationen von Person zu Person unterschiedlich empfunden werden. Beispielsweise gibt es

Menschen, die ihre Ferien wirklich genießen, während andere regelmäßig in Stress verfallen. Gründe hierfür können eine anstrengende, langwierige Anreise sein oder auch die plötzliche Zweisamkeit mit dem Partner. Häufig sind es die Ansammlung vieler kleinerer Ereignisse, die zu Stress führen. Ihre Kinder werden zu aufsässigen Teenagern, Ihre eigenen Eltern benötigen mehr Unterstützung, Ihre Firma beginnt Mitarbeiter zu entlassen und und und.

Nicht unbedingt ein einzelnes, sondern die Summe dieser Ereignisse, mit denen Sie gleichzeitig zurechtkommen müssen, führt letztendlich zu intensivem Stressempfinden. Sicherlich kennen Sie weitere Situationen, die Sie negativ stressen. Schreiben Sie sie am besten auf, um danach gezielte Maßnahmen zu ergreifen, diese zukünftig zu umgehen. Bitte beziehen Sie bei Ihrer Analyse auch die sozialen Faktoren mit ein. Es gibt nämlich auch Menschen, die Stress verursachen. Und hier meine ich verschiedene Typen von Charakteren. Da sind zum Beispiel solche, die immer unzufrieden mit allem und jedem sind. Das übertragen sie auf das gesamte Leben und auf ihre Mitmenschen. Diese Personen entziehen Ihnen wertvolle Energie. Das merken Sie daran, dass Sie nach einem Zusammentreffen mit Ihnen sich wahrscheinlich wie entleert, völlig ausgepowert fühlen. Aber auch Personen, die ständig nach Aufmerksamkeit und Bestätigung suchen, können auf Dauer zu Stress führen. Oder kennen Sie Personen, die vermeintlich immer und an allem schuld sind, die sich gern in der sogenannten Opferrolle sehen? Auch diese verursachen Stress, da sie permanent negative Gefühle und Gedanken weitergeben. Dann gibt es natürlich noch die Choleriker, die Besserwisser und die, die gern herumkommandieren. Auch diese Menschen können an Ihren Energiereserven zehren.

Wenn Sie nun über all die einzelnen stressauslösenden Situationen nachdenken, fragen Sie sich vermutlich, aus welchem Grunde Sie diese als stressig empfinden. Kann man sich doch seine Kollegen nicht aussuchen. Auch Heirat, Schwangerschaft oder Geburt sind doch eher positive Ereignisse. Verständlich hingegen ist, dass der Verlust einer Arbeitsstelle stressig sein kann, da sich in diesem Falle sofort die Frage stellt, wie es weitergeht. Wobei auch hier im nächsten Moment hinterfragt werden sollte, ob Sie nicht auch etwas Positives daraus ziehen können. Vielleicht ist das ja die Chance, endlich das zu tun, was Sie schon immer machen wollten, wozu Sie bisher jedoch nie den Mut aufbrachten. Doch warum gehen positive Ereignisse ebenfalls mit Stress einher? Meist ist es die Angst vor dem Unbekannten und die Angst, sich Konflikten stellen zu müssen. Und genau hier liegt der Hase im Pfeffer.

Bewertungen und Vorurteile führen immer zu schlechten Gefühlen und blockieren unsere Energie. Diese benötigen wir aber wiederrum, um Neues entstehen lassen zu können.

Sicherlich kennen Sie folgendes Szenario in der einen oder anderen Weise nur zu gut: Sie stehen unter immensem

Zeitdruck, weil Sie eine Präsentation für das baldige Meeting fertig bekommen müssen. Sie können jedoch keinen vernünftigen klaren Gedanken fassen. Ihnen ist, als hätten Sie ein Brett vor dem Kopf. Und genau das ist der Punkt. Ihre Gedanken kreisen um den Abgabetermin. Negative Gedankenmuster wie zum Beispiel „das schaffe ich nie..." oder „warum immer ich..." blockieren uns noch mehr.

Setzen Sie sich einen Gedankenstopp! Das heißt: Sagen Sie sich laut, aber bestimmt oder auch in Gedanken STOPP! Lenken Sie so Ihre Aufmerksamkeit wieder voll und ganz ins Hier und Jetzt - also zu Ihrer Präsentation. Lassen Sie alle Wertungen und Gedanken los, lassen Sie die Energien wieder frei fließen.

Die Energie folgt der Aufmerksamkeit. Aufmerksamkeit lenkt die Energie und wo Energie hingeht, da kann etwas wachsen und entstehen.

Ihre Gedanken sind so wieder frei, rein und klar und Ideen können sich entwickeln.

Veränderungen jeglicher Art, die Angst vor dem Unbekannten, aber auch neue Erwartungen bedeuten für jedes Individuum Stress. Dabei ist es völlig unbedeutend, ob es sich um negative oder positive Situationen handelt.

So individuell Stress ist, so individuell sind auch Menschen. Es gibt viele Personen, die ihren Stress komplett ignorieren oder abwertend betrachten, gerade wenn diese in Familien aufgewachsen sind, in denen sie gelernt haben, ihren Frust, Ärger und jegliche Art von negativen Gefühlen zu ignorieren und sich „zusammenzureißen". Dies mag bis zu einem gewissen Grad ein guter Ratschlag sein, denn selbstverständlich sollten Sie nicht die Fassung verlieren, wenn Ihr Chef Sie zum Beispiel kritisiert oder von Ihnen etwas verlangt, was Ihnen so gar nicht in den Kram passt oder gar in Ihren Aufgabenbereich fällt. Es wäre ja sehr unklug, den Chef zu verprügeln, die Kunden anzuschreien oder den Computer aus dem Fenster zu werfen. Das ist zwar die „natürliche" Variante Stress abzubauen. Es würde uns in diesem Augenblick sicherlich besser gehen, aber die Konsequenzen daraus wären kein gutes Ergebnis.

Ist das natürliche Gleichgewicht zwischen Einsatz und Erholung, Anspannung und Entspannung gestört, gerät der Körper in einen krankhaften andauernden Anspannungszustand – den Disstress. Stress, der uns langfristig krank macht. Und genau hier setzen wir an. Lassen Sie uns gemeinsam Möglichkeiten finden, wie Sie Ihre Ressourcen so aktivieren, dass das natürliche Gleichgewicht zwischen Anspannung und Entspannung wieder hergestellt ist. Sobald Sie Ihre Ressourcen stärken, reduzieren Sie Stress und steigern Ihr Wohlbefinden.

Denken Sie immer daran, dass Sie Ihre Gesundheit nur dann erhalten können, wenn Sie negativen Stress auf Dauer meiden.

Übernehmen Sie das Kommando

Einer der Gründe, weshalb Stress verspürt wird, ist das Gefühl der Hilflosigkeit gegenüber Problemen und Sorgen. Denken Sie einen Moment darüber nach, ob das auf Sie zutrifft.

Haben Sie arbeitsbedingten Stress, weil Sie das Gefühl haben, in Ihrer jetzigen Position ohne Aufstiegschancen zu sitzen?

Haben Sie Stress zuhause, weil Sie und Ihr Partner wieder einmal aneinandergeraten sind?

Oder haben Sie Stress, weil Sie vielleicht Ihre Eltern unterstützen beziehungsweise pflegen müssen? Vielleicht stammt er aus einer Summe einzelner frustrierender Geschehnisse, gegen die Sie sich machtlos fühlen?

Sind Sie übergewichtig und haben seit Jahren hart mit sich gekämpft, um endlich ein paar Pfunde loszuwerden?

Haben Sie Schulden und die Rechnungen häufen sich, ohne dass sie dagegen anzukommen scheinen?

Sind Sie Single und wären gern in einer festen Partnerschaft, doch scheint sich dieses nicht ergeben zu wollen?

Keines dieser Probleme beziehungsweise keine dieser Situationen sind lebensbedrohlich. Doch wenn sie all dies zusammenzählen, fühlen Sie nichts als Stress in Ihrem Leben. Gefühle der Hilflosigkeit und des Gefangenseins in bestimmten Situationen erzeugen viel Stress. Solche Emotionen lassen die Zukunft düster aussehen. Zudem kann es stark an die Substanz gehen, wenn Sie sich denselben Problemen, denselben Argumenten, denselben lästigen Situationen wieder und wieder stellen müssen, ohne dass ein Ende abzusehen ist. Wissen Sie, dass ein negatives Ereignis zeitlich begrenzt ist, können Sie damit zurechtkommen. Doch wenn Sie in Ihrem Leben auf der Stelle treten, wird der Stress, den diese Situation auslöst, immer größer. Übernehmen Sie selbst das Kommando. Nehmen Sie Ihr Leben endlich wieder selbst in die Hand. Das bedeutet für Sie zwar ein bisschen Mitarbeit, aber das Ziel zu erreichen, lohnt sich ganz gewiss. Es wartet auf Sie ein Leben aus Freude, Gesundheit, innerem Frieden und Gelassenheit.

Ich werde Sie in diesem Buch auf Ihrem Weg dahin begleiten. Ich zeige Ihnen die Schritte, die erforderlich sind. Wenn nötig, zerlegen wir diese wiederum in Teilschritte, die für Sie gut zu bewältigen sind.

Stellen Sie sich Ihrer Situation

Um die Regie zu übernehmen und Veränderungen bewirken zu können, müssen Sie sich dieser erst einmal stellen.

Erkennen Sie die Probleme, die diese Situation repräsentiert, und warum Sie sich dadurch so gestresst fühlen.

Das mag für einige komisch klingen, da sie in gewisser Weise von der stresserfüllten Situation, mit der sie konfrontiert sind, besessen sind. Sie denken, dass sie diese nicht als solche anzuerkennen brauchen, da sie ihr ja ohnehin fast jede Minute ihres Lebens ausgesetzt sind. Dennoch ist dieser erste Schritt unerlässlich. Warum? Beispielsweise wuchsen viele Menschen in Familien auf, in denen es ihnen nicht erlaubt war, ein schlechtes Gefühl bezüglich des Verhältnisses zu den Eltern zu haben. Immerhin sind das ihre Eltern und da gehört es sich nicht, mit ihnen uneins zu sein oder sich über deren Verhalten zu ärgern. Meist löst schon der Gedanke an die Probleme mit den Eltern, dem Partner, den Kindern oder auch dem Job Schuldgefühle aus, da es sich hier um familiäre Angelegenheiten und Verantwortlichkeiten handelt und man sich nicht berechtigt fühlt, diesbezüglich negative Gefühle zuzulassen.

Werden Sie sich Ihrer Situation bewusst. Lassen Sie diese zu und dann lassen Sie los. Und nur in dieser Reihenfolge. Denn Zulassen bedeutet sich dieser Situation bewusst zu werden, sich ihr mit offenen Augen zu stellen. Erst dann können Sie auch loslassen. Loslassen, um Veränderungen ERFOLGREICH anzugehen.

Loslassen vermindert den Druck, entschärft das äußere Drama und gibt Ihnen die Kraft, die eigenen Ressourcen, Stärken und Fähigkeiten wieder zu erkennen.

Erinnern Sie sich an das „Warum".

Nun sind Sie schon so weit gekommen, dass es sinnvoll ist, sich Gedanken darüber zu machen, *warum* all diese Dinge Stress bedeuten.

Hier ein Beispiel dessen, was damit gemeint ist: Lassen Sie uns annehmen, dass Sie einer anstrengenden Arbeit nachgehen. Sie fühlen sich bereits beim Einparken vor dem Bürogebäude angespannt, während Sie hineingehen, breitet sich Angst in Ihnen aus. Doch weshalb ist Ihr Job so nervenaufreibend? Tragen Sie für zu viele Dinge die Verantwortung? Haben Sie das Gefühl, die Ansprüche Ihres Vorgesetzten nicht erfüllen zu können? Lastet ein großer Leistungsdruck auf Ihnen, weil Sie Kaufverträge abschließen müssen, dies jedoch durch die wirtschaftliche Lage fast unmöglich scheint? Stellen Ihre Mitarbeiter oder Kollegen ein Problem dar? Sind sie unkooperativ oder bringen ihre privaten Gefühle mit ins Büro? Ist das Konfliktpotential außergewöhnlich hoch? Für manche Menschen liegt der Grund ihrer Frustration auch in ihrer Berufswahl. Sie entsteht also nicht durch bestimmte Situationen am Arbeitsplatz, sondern durch den Beruf selbst. Vielleicht sind Sie eine sehr kreative Person, arbeiten jedoch aus welchem Grund auch immer in der Buchhaltung? Sie mögen keinen Smalltalk, arbeiten dessen ungeachtet im Verkauf, wo genau das von Ihnen erwartet wird?

Sie sind die geborene Chefin, arbeiten jedoch als Sekretärin? Aus welchem Grunde auch immer Sie diesen Job gewählt haben, er passt einfach nicht zu Ihnen - deshalb fühlen Sie sich gestresst.

In diesem Zusammenhang hier ein weiteres Beispiel, um zu verstehen, *warum* etwas stressig ist: Stellen Sie sich vor, dass Sie und Ihr Lebenspartner über ein Thema streiten, das ohne Ergebnis wieder und wieder zur Sprache kommt. Möglicherweise fühlen Sie sich bezüglich Ihrer Ehe im Stress. Denken Sie darüber nach, warum das Streitthema lästig ist. Überlegen Sie, weshalb gewisse Situationen zu eskalieren drohen. Versuchen Sie, die Unstimmigkeiten zu interpretieren: Meinen Sie, dass Ihr Partner keinen Respekt vor Ihnen hat oder Ihre Standpunkte nicht für wichtig erachtet?

Was auch immer Sie dazu bringt, negative Gedanken und Zweifel zu erleben, die Ursache finden Sie nur heraus, wenn Sie sich damit auseinandersetzen. Sich der Situation zu stellen, bedeutet nicht nur zu erkennen, was Sie belastet, sondern vor allem herauszufinden, *warum* es Sie belastet. Es ist notwendig, die Situation sehr genau zu ergründen, ohne Angst vor den eigenen Gefühlen. Wir sprechen nicht darüber, wer Recht und Unrecht hat, ob das Gefühl des Stresses bezüglich Ihrer Arbeit, Ihrer Situation zuhause oder anderen Dingen gerechtfertigt ist. Genau so wenig sprechen wir von Schuld. Genauer betrachtet, geben wir nur dann jemandem die Schuld, um ihn zu unterdrücken, um uns selbst der Verantwortung zu entziehen.

Befreien Sie sich von dem Gedanken, dass Sie oder irgendjemand anderes Schuld an Ihrer Situation hat.

Bleiben Sie neutral. Stärken Sie sich, indem Sie wieder die Verantwortung für Ihr Leben übernehmen.

Sagen Sie sich folgenden Satz, so oft Sie mögen:

„Ich übernehme die Verantwortung für das, was ich TUE und DENKE, für mein Handeln und für mein Leben."

Dieser Leitsatz wird Ihnen Kraft geben und Sie davor schützen, wieder in die Opferrolle zu rutschen. Er wird Sie davor schützen, durch Wertung bestimmter Situationen wieder in alte Verhaltensmuster zu schlittern, die Stress auslösen. Stellen Sie sich dem, was den Stress bei Ihnen auslöst und denken Sie ernsthaft über den Grund nach.

Das Leben ist einfach, nur das Denken macht es kompliziert.

Das eigene Denken, Handeln und die daraus resultierende Kommunikation sind häufig Auslöser für Konflikte. Sie entstehen da, wo Menschen zusammenkommen. Egal ob im Berufs-, Schul- oder Privatleben, da wo Menschen zusammenkommen, kann es zu Streit und somit zu Konflikten kommen.

Konflikte sind Spannungszustände, die aus Emotionen heraus entstehen. Emotionen sind Gefühle. Diese spielen – wie zu Beginn des Buches bereits festgestellt – bei Stress eine entscheidende Rolle. In Stresssituationen verlieren wir die Kontrolle über eine Situation und das führt zu schlechten Gefühlen, die sich bei jedem anders äußern können. Fakt aber ist, dass Stress und somit auch Konflikte Energie, Zeit und Nerven kosten.

Werden Sie sich bewusst, dass Konflikte nichts weiter als das Sichtbarwerden von unterschiedlichen Interessen, Zielen, Wegen, Werten und Bedürfnissen sind.

Beginnen Sie, Ihre Energieräuber zu entlarven und nutzen Sie die künftige positive Energie für Ihre Produktivität, für Ihr LEBEN, für Ihre Gesundheit, für Ihr Lebenskonzept.

Werden Sie sich Ihrer Energieräuber bewusst

Nun heißt es herauszufinden, wie Ihre persönliche Stressbelastung zum momentanen Zeitpunkt aussieht. Erkennen Sie Ihre Stressauslöser und beobachten Sie, warum sie Sie in Stress versetzen. Vielleicht sind es ja nur ganz kleine Stellschrauben, die Sie ansetzen müssen, um diesen einen Auslöser gar nicht mehr als stressig zu empfinden.

„Ich kann erst etwas ändern, wenn ich es WAHRNEHME.“

In Kapitel 2 auf den Seite 29 und 30 des Buches finden Sie eine Zusammenstellung aller möglichen Faktoren, die zu Stress führen, können. Betrachten Sie diese als eine Art Hilfestellung, als einen Anstoß für den Beginn Ihrer »Forschungsreise«.

Wichtig bei der Analyse ist vor allem zu verstehen, dass Stress, Streit und Konflikte zum Großteil von unserer Einstellung zu uns selbst ausgelöst werden.

Nicht zu vergessen sind die an uns gestellten Erwartungen, sei es von Gesellschaft, Familie oder Beruf. Zum Beispiel leiden überdurchschnittlich viele Perfektionisten an negativem Stress. Aber auch Ihre persönlichen Erfahrungen, die Sicht auf bestimmte Dinge, Gedanken und Ihre Glaubenssätze sind Auslöser für Stress – und Konfliktsituationen.

Versuchen Sie in den kommenden Tagen bewusst Ihre Gedanken und Ihr Verhalten in gewissen Situationen zu beobachten und zu analysieren. Sind selbige überwiegend negativ oder von Ängsten geprägt? Das ist ein sicheres Zeichen dafür, dass Ihre Gedanken Stress verursachen. Die Macht Ihrer Gedanken ist auf keinen Fall zu unterschätzen. Auch wenn es unangenehm und unbequem ist, sich negativer Gedanken und Glaubenssätze bewusst zu werden und sich diese einzugestehen: Genau diese Blockaden navigieren uns wieder und wieder in die Stress- und Konfliktspirale und bestimmen unser Leben.

Lassen Sie sich nicht mehr fremdbestimmen. Nehmen Sie das Ruder wieder selbst in die Hand. Stehen Sie zu Ihren Sorgen, Ängsten und Gefühlen und akzeptieren Sie diese. Werden Sie sich klar darüber, welche Erfahrungen, Verhaltensmuster und Gedanken zu Konflikten führen und für Sie Stress bedeuten.

Beziehen Sie dabei Ihre Kindheit mit ein. Da wurde der Grundstein für Ihr heutiges Verhalten gelegt.

Wenn Sie zum Beispiel wissen, dass bei Ihnen Stress oder Konflikte dadurch entstehen, dass Sie nicht NEIN sagen können und Sie sich so immer mehr Arbeit aufbürden, dann lernen und üben Sie gezielt NEIN zu sagen. Größtenteils entstehen Ängste, Stress und Konflikte in und durch unsere Gedanken.

„Unsere Mitmenschen und Umwelt können wir nicht ändern,
aber WIR können uns ändern"

Beginnen Sie Ihr Verhalten zu beobachten, zu analysieren. Finden Sie heraus, welche Faktoren bei Ihnen Stress auslösen und wie sich diese äußern. Die folgende Aufzählung gibt Ihnen Anhaltspunkte, Stressfaktoren einzuteilen, um die passenden Varianten zur Vermeidung und Reduzierung zu finden. Wie erwähnt, sind unsere Gedanken oft Auslöser für Konflikte und Stress.

Aspekte, die unsere Gedanken beeinflussen, sind beispielsweise Sätze wie "Das schaffe ich nie", "Das geht bestimmt schief", „Bestimmt wird … passieren" oder »Bei mir geht das nicht«. Auch der sogenannte Blackout zählt dazu. Ertappen Sie sich immer häufiger dabei, dass Sie tagträumen, sich Ihre Gedanken ständig im Kreis drehen oder gar Denkblockaden bemerkbar machen? Alpträume zählen ebenfalls zur kognitiven Ebene, auch Leistungs-, Konzentrations- und Gedächtnisstörungen. **Auf der emotionalen Ebene (Gefühlsebene)** sind Faktoren wie Wut, Ärger, Aggressivität, Angst, Niedergeschlagenheit, Unsicherheit, Unzufriedenheit, Versagensängste, Gefühlsschwankungen, Nervosität, Lustlosigkeit bis hin zur absoluten Teilnahmslosigkeit oder Depressionen zu beachten. Doch auch **Reaktionen der muskulären Ebene** wie zum Beispiel Fußwippen, Fingertrommeln, nervöse Gestik oder

Mimik, allgemeine Verspanntheit, Nacken-, Schulter-, Rückenschmerzen, Kopfschmerzen bis hin zur Migräne, Krampfneigung, Unfähigkeit sich zu entspannen, sind Anzeichen für Stress. **Reaktionen des Nervensystems**, die sich durch Herzrasen, Bluthochdruck, Probleme mit dem Magen-Darm-Trakt, Atembeschwerden, chronische Müdigkeit, hohe Anfälligkeit für Infektionen, Schlafstörungen, Zittern oder Weinerlichkeit äußern, sind ebenfalls Folgen von Stress. Und nicht zu vergessen **die Verhaltensebene.** Wie schon erwähnt, ist unser Verhalten mit verantwortlich, ob wir in Stress geraten oder nicht. Fortwährender - ob nun bewusster oder unbewusster - Kontroll"wahn", aber auch regelmäßiges Tolerieren oder Resignieren sind typische Verhaltensmuster. Gestresste Menschen entwickeln sogenannte „Ticks" wie zum Beispiel das ständige Zupfen am Kragen, das Klopfen auf den Tisch oder permanentes Räuspern, um nur einige Symptome zu nennen. Weitere stressbedingte Verhaltensweisen sind Zähneknirschen, Schlafstörungen, Rastlosigkeit, übermäßiger Konsum von Suchtmitteln, Nägelkauen, aber auch unregelmäßiges Essverhalten.

Erkennen Sie die Warnsignale und nehmen Sie diese ernst. Nur so können Sie gegensteuern, bevor das Kind ganz in den Brunnen gefallen ist und Körper und Seele nicht mehr mitmachen. Verdeutlichen Sie sich, welche Einflüsse bei Ihnen zu Stress und Konflikten führen. Bitte betreiben Sie die Analyse genau und akribisch. Seien Sie kritisch zu sich selbst.

Vermutlich fallen Ihnen noch weitere Faktoren ein oder Sie können einzelne hier genannte Beispiele für sich konkretisieren. Nehmen Sie sich die Zeit, schließlich wollen Sie zukünftig den Stress richtig managen, abbauen und ihm vor allem vorbeugen.

Wie wäre es, wenn Sie einen freien Nachmittag nur für sich reservieren? Sie bereiten sich einen leckeren Tee zu, stellen ein paar Kerzen auf und beginnen, sich voll und ganz auf sich selbst und Ihre „Stressanalyse" zu konzentrieren. Das Beste ist, Sie nehmen sich hierzu Ihr Notizbuch, die Merkblätter und die Auflistungen in dem Buch zur Hand. Dann können Sie es immer weiter füllen, sobald Ihnen noch mehr dazu einfällt. Vertrauen Sie dem Buch auch Ihre Ängste, Sorgen und Gefühle an. Schreiben Sie auch Aktionen auf, die Sie erfolglos versuchten zu ändern. So wissen Sie, dass Sie genau DAS nicht mehr tun.

Wenn etwas nicht funktioniert hat, soll man etwas anderes tun. Solange Sie immer das Gleiche tun, werden Sie auch immer das Gleiche erhalten. Wobei wir hier schon zum nächsten Punkt kommen: Gewohnheiten verändern.

Menschen können wir nicht ändern, aber wir können die Rahmenbedingungen und unsere eigenen Verhaltens- und Denkweisen ändern.

Herzlichen Glückwunsch! Sie haben den ersten und wichtigsten Schritt gemacht, denn Stressbewältigung beginnt mit dem Blick in den eigenen Spiegel. **Nur wer sich ehrlich seine Bedürfnisse und Schwachstellen eingesteht, kann Änderungen vornehmen und hat die Chance auf ein glücklicheres und toleranteres Leben.**

Und genau das tun wir jetzt im darauffolgenden Kapitel: Veränderungen vornehmen und Gewohnheiten zu unseren Verbündeten machen.

Veränderungen angehen und Gewohnheiten für sich nutzen

Haben Sie auch Träume, Wünsche, Visionen? Sind diese alle in Erfüllung gegangen? Nein? So geht es vielen. Der Wunsch bleibt ein Wunsch, unerreichbar. Doch warum? Weil Sie nichts dafür tun. Sie tun nichts, um dieses Ziel tatsächlich erreichen zu können. Einer der Gründe hierfür ist, dass Veränderungen Aufwand und Planung erfordern. Alle gewollten Veränderungen benötigen einen Plan – planlos werden Sie niemals an Ihr gewünschtes Ziel gelangen.

Finden Sie heraus, warum bei Ihnen gewisse Situationen Stress auslösen. Nehmen Sie dazu die schon analysierten Situationen zur Hand und überlegen Sie, warum und aufgrund welcher Verhaltens- und Denkgewohnheiten diese

Situation bei Ihnen immer wieder zu Stress führt. Schreiben Sie die jeweilige Situation auf, notieren Sie, wie sich Stress in der jeweiligen Situation bemerkbar macht und was Sie dabei fühlen. Nun überlegen Sie, ob und welche bisherigen Verhaltens- und Denkgewohnheiten Sie in diese Situation schlittern lassen.

Damit sind wir beim Thema Gewohnheiten angelangt. Diese spielen eine große Rolle bei erfolgreichem Stressmanagement. Die Entscheidung, etwas verändern zu wollen, ist schnell getroffen. Doch die Umsetzung ist hierbei der weitaus schwierigere Teil. Vergessen wir nicht: Wir Menschen sind Gewohnheitstiere. Und Gewohnheiten ist es nun einmal eigen, sich gegen Veränderungen zu wehren. Sie können Ihrem Gewohnheitstier, dem inneren Schweinehund, auch einen Namen geben. Damit fällt es leichter, diesen für Veränderungen zu begeistern.

Doch warum ist es so schwer, Gewohnheiten abzulegen? Ganz einfach, Gewohnheiten sollen unser Leben erleichtern. Sie bestimmen unser Leben, sie lotsen uns quasi durch den Tag. Ohne sie wäre unser Gehirn von den Dingen des Alltags überfordert. So betrachtet, sind Gewohnheiten gut. Sie sind Verhaltensweisen, die wir regelmäßig ausüben – ohne viel darüber nachzudenken oder abzuwägen. Sie basieren oft auf Entscheidungen, die wir irgendwann einmal bewusst getroffen haben. Doch sie haben eben auch ihre Kehrseite. Sie schränken unbewusst unsere Wahrnehmung ein, machen starr und unflexibel.

„Die Gewohnheit nimmt dir das Lenkrad aus der Hand."
(Manfred Heinrich, 1926)

Gewohnheiten zu ändern, ist keine leichte Aufgabe. Es genügt nicht, nur den Entschluss etwas ändern zu wollen, zu fassen. Gewohnheiten zu ändern, ist erst erfolgreich, wenn wir über einen längeren Zeitraum neue Verhaltens– oder Denkweisen aufbauen. Sie lernen neue Gewohnheiten nur durch beständiges Wiederholen bestimmter Taten und Gedanken.

Gehören auch Sie zu denjenigen, die bereits mehrere Versuche starteten, eine unschöne Gewohnheit zu verändern? Sind auch Sie daran gescheitert?

Möglicherweise helfen Ihnen die nachfolgenden Ansätze weiter.

Stellen Sie sich folgende Fragen:

Welche Vorteile haben Sie durch Ihre unschöne Gewohnheit?

Welchen Gewinn erzielen Sie daraus, wenn Sie diese ablegen würden?

Welche positiven Gefühle beschert Ihnen diese Gewohnheit?

Wie können Sie sich diese positiven Gefühle anderweitig verschaffen?

Was gewinnen Sie, wenn Sie die lästige Gewohnheit durch eine neue, gesündere Gewohnheit ersetzen bzw. austauschen?

Was fühlen Sie?

Freuen Sie sich auf den neuen Gewinn, auf die neue Freiheit, auf die neue Lebensfreude? Dann packen Sie´s jetzt an!

Ich empfehle Ihnen sich zu überlegen, was Sie generell verändern möchten. Nehmen Sie dazu am besten Ihre Aufzeichnungen zur Hand. Markieren Sie die Stressoren, welche Sie ändern wollen, und gleichen Sie diese gegebenenfalls mit Ihrer Stärken– und Schwächenliste ab. So finden Sie schnell heraus, welche Gewohnheiten Sie verändern sollten. Es muss sich hierbei immer um etwas handeln, was Sie tun oder wie Sie sich verhalten. Wählen Sie Aktivitäten aus, die es Ihnen wert sind, dafür Zeit und Energie zu investieren. Bleiben Sie jedoch realistisch.

Nachfolgend eine Variante, wie Sie dabei vorgehen können:

1. Finden Sie heraus, welche Veränderung von den aufgelisteten Dingen Ihnen am leichtesten fällt. Möchten Sie diese tatsächlich ändern?

Dann verpflichten Sie sich auch dazu! So bleiben Sie am Ball. Vielleicht schließen Sie ja dazu einen schriftlichen Vertrag mit sich selbst ab? Das ist ein sehr effektives Mittel, sich zu motivieren und durchzuhalten.

2. Eine Gewohnheit nach der anderen

Oft verspüren wir den Drang, gleich mehrere Dinge auf einmal ändern zu wollen. Entscheiden Sie sich dennoch immer nur für eine Veränderung. Diese eine Änderung wiederholen Sie nun mindestens 30 Tage lang – kontinuierlich. Die Zeit benötigen Sie, damit sich die neue Gewohnheit auch „verankern" kann. Wenn Sie sich zu viel zumuten, kommt es zwangsläufig zum Scheitern.

3. Visualisieren Sie Ihre neue Gewohnheit – Ihr Ziel

Je konkreter Sie Ihr Ziel definieren, desto klarer erscheint es vor Ihren Augen und umso leichter fällt es Ihnen, den Weg bis zum Schluss zu gehen. Am besten Sie schreiben sich auf, welche Gewohnheit Sie ändern wollen und warum. Das hängen Sie sich dann da auf, wo Sie es immer lesen können.

4. Denken Sie positiv

Der erste Schritt zum Erfolg ist eine positive Grundeinstellung.

5. Planen Sie

Blinder Aktionismus ist beim Erlernen neuer Gewohnheiten kontraproduktiv, denn er ist, wenn überhaupt, nur von kurzfristigem Erfolg gekrönt. Langfristig werden Sie dadurch aber keine Veränderungen bewirken. Planen hilft Ihnen, Ihre Gedanken zu bündeln, sie werden klarer. Das wirkt sich beruhigend auf Ihr Gemüt aus. Des Weiteren schonen Sie so Ihre zeitlichen und energetischen Ressourcen. Sie werden weniger nacharbeiten müssen, Ihr Tun wird Sie früher zu den gewünschten Zielen führen. Und was das Wichtigste bei Stressvermeidung ist: Sie bleiben Herr der Lage, Sie behalten Sie Kontrolle.

6. Belohnen Sie sich

Planen Sie, wie Sie sich belohnen werden, sobald Sie Ihr Ziel erreicht haben. Manchmal kann es hilfreich sein, Zwischenziele zu setzen und zu überlegen, wie man sich beim Erreichen dieser belohnen will.

7. Bleiben Sie flexibel

Wenn Sie sich für die Änderung einer Gewohnheit entschieden haben, heißt das nicht, dass Sie sich daran festbeißen sollen. Merken Sie, dass die gewählte Vorgehensweise nicht funktioniert, dann seien Sie so frei und flexibel und ersetzen diese durch eine andere.

8. Bleiben Sie achtsam

Auch wenn Sie Ihre neue Gewohnheit regelmäßig trainieren, werden immer wieder Situationen eintreten, in welchen Sie in Ihre alte Gewohnheit verfallen. Bleiben Sie sich dessen bewusst und setzen Sie genau in diesem Moment einen STOPP. Setzen Sie den STOPP genau an der Stelle zwischen dem aufkommenden Gefühl von Stress angesichts einer zu leistenden Aufgabe und dem Impuls, sich blindlings dem zu ergeben und hineinzustürzen. Halten Sie inne, besinnen Sie sich auf die Situation, in der Sie sich gerade befinden. Nun überlegen Sie in Ruhe, wie die weitere Vorgehensweise aussehen kann. Die beste Voraussetzung für die Änderungen einer Gewohnheit ist gegeben, wenn Sie Ihre „persönliche Schmerzgrenze" erreicht haben. Wenn Sie zu denjenigen gehören, die sich ständig verzetteln, weil Sie ihren e-Mail-Account ganztägig geöffnet haben und permanent Mails checken, am Ende des Arbeitstages sich aber dennoch fragen, was Sie eigentlich gemacht haben, bzw. Ihre eigentlichen Aufgaben wieder nicht geschafft haben, dann **BEGINNEN SIE JETZT.** Machen Sie es zur Gewohnheit, morgens eine halbe Stunde Mails zu checken und abzuarbeiten. Dann wird der Mailaccount geschlossen. Das gleiche Procedere dann nochmals für jeweils eine halbe Stunde nach der Mittagpause und eine Stunde vorm Feierabend – und schon haben Sie einen Stressauslöser reduziert.

9. Überprüfen Sie Ihre Fortschritte

Überprüfen Sie Ihre eigenen Fortschritte, um zu sehen, wie weit Sie gekommen und ob Sie noch auf dem richtigen Weg sind. Wenn Sie bemerken, dass Sie ein wenig vom Weg abgekommen sind, können Sie so schnell wieder die richtige Richtung einschlagen. Haben Sie Ihr Ziel oder Teilziel erreicht? Dann belohnen Sie sich. Wenn Sie Meilensteine auf Ihrem Weg zum Ziel feiern werden Sie mit größter Wahrscheinlichkeit diesen auch weitergehen.

Akzeptiere, was ist.

In welcher Weise wird in Ihrem Leben Stress ausgelöst, und zwar in einem solchen Maße, dass Sie an Veränderungen denken? Nur darüber nachzudenken, hilft natürlich nicht weiter, genauso wenig sich Illusionen hinzugeben. Es hilft Ihnen nicht weiter, wenn Sie sich mit der Gegebenheit nicht ernsthaft auseinandersetzen und meinen, allein durch einen Jobwechsel oder eine Trennung vom Partner wird alles besser. Damit sind aber die eigentlichen Probleme nicht gelöst, denn die Art und Weise, wie wir unser Leben beziehungsweise bestimmte Situationen wahrnehmen, hängt maßgeblich von unserer subjektiven Betrachtungsweise ab. Unser Unterbewusstsein bestimmt, wie wir diese Situation wahrnehmen. Damit nähern wir uns hier auch schon der Gefühlsebene.

Erfolgreiche Stressbewältigung kann nur funktionieren, wenn wir uns spiegeln, in uns hineinhorchen und –fühlen. Erst wenn wir unseren Gefühlen absolute Aufmerksamkeit schenken, sind wir in der Lage, etwas ändern zu können.

Leider haben viele von uns nie gelernt, auf die eigenen Bedürfnisse einzugehen, ihnen Beachtung zu schenken, oder wir haben es im Laufe des hektischen Lebens einfach verlernt.

Ich kann mich noch gut an Sätze aus meiner Kindheit erinnern: „Tu dies nicht." oder „Das macht man nicht.

Was sollen denn die Nachbarn denken?" Wenn wir solche Sätze immer wieder zu hören bekommen, speichert unser Körper diese Information auf seiner Festplatte ab. Ist es dann noch verwunderlich, dass es vielen so schwer fällt, Dinge zu ändern beziehungsweise die eigenen Bedürfnisse zu leben?

Nicht selten ist es heute so, dass uns Mitmenschen argwöhnisch beäugen, wenn wir unsere eigenen Bedürfnisse einfordern. Meist müssen wir uns dafür rechtfertigen.

Warum eigentlich? Ich sage immer, ein gesunder Egoismus bewahrt mich vor Unzufriedenheit, Stress und Krankheit. Finden Sie Ihre gesunde Balance. Es ist eine lohnende Herausforderung.

Natürlich kann das gesellschaftliche Miteinander nur durch Regeln funktionieren. Auf der anderen Seite besteht jedoch die Gefahr für den Einzelnen, sich dadurch seelischen Qualen auszusetzen. Versuchen Sie hier einen gesunden Kompromiss zu finden, um dem täglichen Stresswahn zu entfliehen.

Wenn Sie über Ihr Leben nachdenken und in sich gehen, werden Sie feststellen, dass es viele Dinge gibt, die Sie garantiert ändern können, und ebenso viele, die Sie wahrscheinlich niemals ändern können. Akzeptieren Sie dies. Je mehr Sie darauf bestehen, etwas ändern zu wollen, umso mehr Druck entsteht. Die Dinge werden dann komplizierter und unser Blick auf das Wesentliche verschwimmt zunehmend. Es bringt niemandem etwas, entweder gegen alles und jeden anzukämpfen oder dauernd auf der Flucht zu sein.

Die goldene Regel lautet: Akzeptiere es!

Akzeptiere, was ist. Das soll natürlich kein Freibrief dafür sein, jegliches Fehlverhalten anderer zu akzeptieren und zu tolerieren. Doch genauso wenig hilft es, in Wutausbrüche und Schimpftiraden zu verfallen. Auch hier gilt: Hören Sie auf Ihr Gefühl und auf Ihr Empfinden. Betrachten Sie die

Situation mit Abstand. Die Technik des Gedankenstopps leistet Ihnen hierbei gute Dienste. So bekommen Sie einen klaren Kopf und erlangen die Kontrolle über die Situation zurück. Erst dann sind Sie in der Lage, eine solide Entscheidung zu treffen und realistisch zu bleiben.

Manchmal bedeutet das große Ganze zu sehen genau dies: Einen Schritt zurückzutreten, das Ganze zu betrachten und zu erkennen, dass eine von Stress erfüllte Situation nur ein kleiner Teil davon ist.

Akzeptiere, was ist, heißt auch, dass Sie die Menschen um sich herum so annehmen sollten, wie sie sind. Bekanntermaßen werden stressige Situationen oft erst durch Menschen erzeugt.

Kann es nicht sein, dass Sie Ihren Job nur deswegen nicht mögen, weil vielleicht Ihr Chef oder einer Ihrer Kollegen Sie nervt? Oder stört Sie, dass Ihr Partner Ihren Ordnungssinn nicht teilt und die Kaffeetasse morgens immer auf dem Tisch stehen lässt? Solch kleine Marotten oder auch Eigenarten können schnell den Blick vernebeln und den sogenannten Tunnelblick entstehen lassen. Akzeptieren Sie diese Eigenheiten, schrauben Sie Ihre Erwartungen herunter und schon sinkt Ihr Stresspegel um einige Punkte nach unten. Oder aber trennen Sie sich von Menschen oder Dingen, die Ihnen nicht guttun und Ihnen Energien rauben.

Bleiben Sie immer ehrlich zu sich selbst. Leben Sie einen gesunden Egoismus, indem Sie zuerst für sich selbst sorgen. Aber bleiben Sie in allem realistisch.

„Sie sind der wichtigste Mensch in Ihrem Leben."

Realistisch sein

Sie haben es sicherlich schon bemerkt. Zu Beginn der aktiven Integration in den Alltag heißt es, über sich und sein Leben nachzudenken: Nachdenken, sich mit seinem Leben auseinandersetzen, in den Spiegel schauen und absolut ehrlich zu sich selbst sein. Nutzen Sie die Zeit der Vorbereitung, um langsam wieder zu sich selbst zu finden. Das ist der beste Weg, um eine gesunde Work-Life-Balance zurückzuerlangen und aus dem Teufelskreis Stress dauerhaft auszubrechen.

Ihre Situation hat sich nicht in den letzten Stunden oder Tagen entwickelt. Das Gefühl ständig unter Stress zu stehen, sich in einem Hamsterrad zu fühlen, entsteht über einen langen Zeitraum. Und genauso viel Zeit müssen Sie sich auch geben, diesem Hamsterrad dauerhaft zu entkommen. Es ist ein langer Weg, den es sich lohnt zu gehen. Und Sie werden auf diesem Weg viel Neues über sich und Ihre Umwelt erfahren, Stärke daraus entwickeln.

Sie haben bis zu diesem Teil des Buches nun zahlreiche Varianten gelesen, die zu Stress führen können. Sicherlich haben Sie sich auch schon Situationen notiert, die es sich lohnt anzugehen. Wie fühlt es sich bis jetzt an? Ich hoffe gut, denn jetzt kennen Sie Ihren „Feind". Machen Sie weiter! Entlarven Sie alle Störenfriede, indem Sie auf eine erneute Reise durch Ihr bisheriges Leben gehen. Überlegen Sie, welche Bereiche oder Dinge Sie noch unter Stress setzen. Ich möchte Ihnen hierzu weitere Anregungen und Beispiele geben.

Haben Sie zum Beispiel Tagträume über ein – sagen wir - utopisches Leben, in dem Job und Ehe absolut perfekt sind? Keine Tiefen, jeder ist ständig auf ekstatische Weise glücklich, alles flutscht nur so? Könnte der Vergleich an sich der Grund dafür sein, der Stress bei Ihnen auslöst, und nicht der tatsächliche Ist-Zustand? Wenn sich eine perfekte Vorstellung in Ihrem Kopf manifestiert hat, wie Ihr Leben, Ihre Ehe, Karriere, Ihr Kontostand und alles andere sein sollten, ist es kein Wunder, dass Ihr reales Leben damit nicht mithalten kann. Ehrlich: Wessen Leben wird diesen Idealen überhaupt gerecht? Denken Sie über die Menschen nach, mit denen Sie zu tun haben, Ihre Freunde, Familie, Mitarbeiter oder Kollegen, und fragen Sie sich, wer von ihnen das ideale Leben führt! Es mag Menschen in Ihrem Umfeld geben, deren Ehe etwas besser läuft oder die einen besseren Beruf als Sie selbst zu haben scheinen, aber es ist sehr wahrscheinlich, dass es in deren Leben ebenfalls Dinge gibt, die eine Menge Stress verursachen. Tatsache ist, auch diese Menschen schauen neidvoll auf etwas, das in Ihrem Leben besser ist. Das eigene Leben nicht mit dem eines anderen zu vergleichen, ist ein Teil davon, realistisch zu denken.

Auch wenn Sie jemandem begegnen, der ein scheinbar perfektes Leben führt, sollten Sie sich fragen, was das mit Ihnen und Ihrem eigenen Leben zu tun hat. Ob andere Personen ein perfektes Leben haben oder nicht, was ändert das an Ihrem eigenen? Hätten Sie nicht trotzdem Ihre eigenen Sorgen und Probleme?

Realistisch zu sein bedeutet, die eigenen Ansprüche ans Leben zu verstehen und einzuschätzen, ob diese überhaupt erreichbar sind.

Erwarten Sie, einen Job zu haben, der Ihnen viel Geld einbringt, gleichzeitig jedoch auch leicht ist, keine Spannungen mit sich bringt; einen Job, in dem Sie immer respektiert werden und jeder mit jedem zurechtkommt? Erwarten Sie tatsächlich, in diesem Job immer perfekt zu sein und niemals Fehler zu machen oder Konfrontationen zu erleben? Erwarten Sie, immer von Luxus und Abenteuer umgeben zu sein? Ertappen Sie sich selbst oft dabei, wie Sie über Ihr Leben grübeln? Vielleicht sind es Ihre Erwartungen, die Sie ändern sollten, und nicht Ihr Leben!

Überlegen Sie, wie diese Art des Denkens auf jeden Bereich Ihres Lebens übertragen werden kann. Überdenken Sie Ihre

Erwartungen an sich selbst und andere. Werden Sie sich Ihrer Persönlichkeit bewusst und nehmen Sie diese an. Nur so haben Sie eine realistische Chance, stressfreier zu leben.

Denken Sie natürlich positiv

„Es ist wichtig, eine positive Grundeinstellung zu haben, die Dinge mit Wohlwollen zu betrachten. Es heißt nicht, dass man einfältig oder dumm ist, wenn man friedliches Wohlwollen zeigt, es heißt nicht, dass wir anderen erlauben unsere Gesinnung auszunutzen. Durch positives Denken und friedliche Reaktionen zeigen wir nur, dass wir die Weisheit und Stärke besitzen, die Dinge in eine positive Richtung zu bewegen. So konzentrieren wir uns auf das Wesentliche und können aus jeder Situation das Beste machen." (buddhistische Weisheit)

Gibt es tatsächlich so viele negative Aspekte in Ihrem Leben, die sie täglich in Stress versetzen? Was ist mit den positiven Aspekten?

Hier sind einige Dinge, über die Sie einmal nachdenken sollten:

Sind Sie in relativ guter gesundheitlicher Verfassung? Können Sie selbständig laufen? Können Sie jeden Tag aufstehen und aktiv sein?

Das ist mehr, als viele Menschen können, die ans Bett oder an den Rollstuhl gebunden sind.

Ihre finanzielle Situation könnte vielleicht besser sein, aber haben Sie ein Dach über dem Kopf und etwas zu essen in der Küche? Auch das ist wesentlich besser als die Situation vieler Menschen in der heutigen Zeit. Vielleicht können Sie sich kein schickes Auto und keinen netten Urlaub leisten, aber wenn Sie Ihre Rechnungen bezahlen können und in einem Haus statt auf der Straße leben, geht es Ihnen besser als vielen anderen auf der Welt.

Möglicherweise fühlen Sie sich nicht vollkommen erfüllt, weil Sie sich eine Beziehung, ein Kind oder noch mehr Kinder wünschen. Doch was ist mit den Dingen, die Sie haben? Das können Freunde, eine Familie, auf die Sie sich immer zu 100% verlassen können, ein guter Job oder eine gute Gesundheit sein. Das kann natürlich nicht das ersetzen, was Sie sich wünschen, aber Sie haben vielleicht bereits viel mehr als andere Menschen und bemerken es gar nicht. Lernen Sie das zu schätzen, was Sie haben, statt sich nur auf die zusätzlichen Dinge zu konzentrieren, die Sie haben wollen.

Zweifellos sind das sehr krasse Vergleiche. Doch wir Menschen scheinen immer nur das zu bedauern, was wir nicht haben. Fühlt es sich nicht viel besser und freier an, wenn man für das, was man hat, dankbar ist? Weniger ist machmal mehr.

Es mag schwer sein, die guten Dinge in Ihrem Leben zu entdecken, doch wenn Sie das nicht tun, setzen Sie sich nur selbst unter Stress.

Natürlich positives Denken sehe ich als einen Status an, aus welchen man aus sich heraus in der Lage ist, immer das Gute an einer Situation zu sehen. Die Methode des „Positiven Denkens" zielt darauf ab, dass Sie durch bewusste positive Beeinflussung des Denkens eine dauerhafte zufriedene und optimistische Grundhaltung zum Leben entwickeln. Dies kann man durch bestimmte Affirmationen verstärken. Doch darauf gehe ich später noch genauer ein.

Lesen Sie sich den Abschnitt zum positiven Denken bis hierher ruhig nochmals durch und denken Sie über das bisher Gelesene nach.

Positives Denken heißt nämlich nicht, dass Sie Dinge und Situationen ignorieren und so „tun, als ob nichts wäre". Wenn Sie negative Ereignisse nicht zulassen, also verdrängen würden, dann sind Sie auch nicht in der Lage, eine positive Grundhaltung zu leben. Verarbeiten, Akzeptieren und Wahrnehmen sind durchaus wichtig. Nur so bleiben Sie bei sich und verlieren nicht den Blick fürs Wesentliche.

„Hinter jeder negativen Situation verbirgt sich etwas Positives."

Natürlich kann man positives Denken auch als unsere Lebensenergie bezeichnen. Wenn wir mit uns im Reinen sind, Achtsamkeit und Dankbarkeit leben, dann füllt sie uns aus. Sie kennen das als positive Lebenseinstellung.

Wenn wir uns aber von negativen Einflüssen bestimmen lassen – egal welcher Art –, dann raubt uns das Energie, es sei denn, Sie verarbeiten die negativen Dinge und gehen gestärkt aus der Situation heraus.

Seien Sie dankbar für das, was Sie haben, und konzentrieren Sie sich auf diese Dinge. Lassen Sie negative Gedanken nicht mehr zu. Denken Sie natürlich positiv.

Positives Denken in all seinen Facetten zu leben, bedeutet sich knallhart zu analysieren, seine Schwächen zu kennen und zu akzeptieren. Der Erfolg des positiven Denkens stellt sich nur ein, wenn man eine positive Einstellung zum Leben absolut verinnerlicht hat und Achtsamkeit lebt.

Bevor Sie nun weiterlesen, halten Sie kurz inne. Überlegen Sie, wofür Sie dankbar sind.

Schließen Sie dabei die Augen und spüren Sie in sich hinein.

Was fühlen Sie?

Wie fühlen Sie sich?

Spüren Sie Freude?

Spüren Sie vielleicht sogar Glück?

Spüren Sie inneren Frieden, Harmonie?

Oder spüren Sie gar Zufriedenheit?

Zufriedenheit setze ich mit Dankbarkeit gleich.

Dankbare Menschen haben eine positive Ausstrahlung. Wir fühlen uns wohl in deren Umgebung. Wir haben sogar das Gefühl, uns in ihrem Umfeld vitaler, energiegeladener und freier zu fühlen.

Dankbarkeit und Zufriedenheit sind somit ganz wesentliche Aspekte, um stressfreier und gesünder zu leben.

Es ist im Übrigen für mich ein sehr schönes Abendritual geworden, Dankbarkeit zu spüren. Ich habe bei einer meiner Wanderungen in den Alpen einmal einen ganz besonders schönen kleinen Stein gefunden. Durch die Ruhe in den

Bergen und die Verbundenheit mit der Natur hörte ich wieder viel leichter in mich hinein. Ich folgte meinen Gedanken – jedoch ohne zu grübeln. Und da verspürte ich den Impuls, diesen Stein als meinen persönlichen Dankbarkeitsstein anzunehmen. Ich nehme jeden Abend – bevor ich einschlafe – meinen Dankbarkeitsstein in beide Hände, schließe die Augen und sage mir in Gedanken, wofür ich an diesem Tag Dankbarkeit verspüre. Das kann ein Ereignis des Tages sein oder aber etwas, das ich zukünftig erreichen möchte, aber auch meine Gesundheit, meine Familie oder oder oder.

Vielleicht mögen Sie das ja einmal ausprobieren? Sie werden feststellen, dass Sie mit sich und Ihrer Umwelt zufriedener werden.

Dankbare Menschen sind wie fruchtbare Felder. Sie geben das Empfangene zehnfach zurück. (August von Kotzebue)

Nutzen Sie Affirmationen, um auf Kurs zu bleiben.

Affirmationen sind positive beziehungsweise bejahende Glaubenssätze, die Ihr Ziel beschreiben. Der Zweck besteht darin, Ihre Gefühle, Gedanken, Ihr Handeln und Verhalten durch positives Denken zu verändern. Wichtig dabei ist, dass Sie den positiv formulierten Satz, Affirmation genannt, immer und immer wieder sagen, um Ihre Gedanken auf das Positive auszurichten.

Tipp: Wenn Sie Autogenes Training praktizieren, können Sie Ihre Affirmation zusätzlich nach der Solarplexus-Übung einbauen. Bei dieser Übung sind Sie bereits in solch einem tiefen Entspannungsmodus, dass Sie mit der Affirmation direkt Ihr Unterbewusstsein erreichen.

Affirmationen sind an unser Unterbewusstsein gerichtet. Dabei konzentrieren Sie sich nur auf das Positive. Sie formulieren also Ihre Sätze, Ihre Wünsche ohne Negationen.

Das ist bei der Formulierung von Affirmationen zu beachten:

Halten Sie die Affirmationen möglichst kurz (maximal 2 Sätze).

Formulieren Sie die Affirmation immer in der Gegenwart, also im Hier und Jetzt.

Verfassen Sie IMMER positive Sätze.

Sprechen Sie grundsätzlich in der ICH-Form.

Verwenden Sie einfache und kraftvolle Worte.

Formulieren Sie die Sätze so präzise wie möglich.

Beginnen Sie die Affirmationen mit „Ich...".

GLAUBEN Sie an Ihre Affirmationen und spüren Sie die Stärke, die von ihnen ausgeht.

So könnten Ihre Glaubenssätze, Ihre Affirmationen aussehen:

Ich achte auf die Botschaften meines Körpers.

Ich achte auf mein Denken und wähle bewusst gesunde Gedanken.

Ich atme frei und tief.

Ich bewege mich jederzeit bewusst.

Für alles, was ich tue, ist Zeit und Raum vorhanden.

Ich achte auf meine Ernährung.

Ich bin es wert, geliebt zu werden.

Ich erlaube mir, mich gesund zu ernähren

Ich fühle mich sicher, ich selbst zu sein.

Ich bin jeder Situation völlig gewachsen.

Ich lasse das Muster, das zu diesem Zustand geführt hat, aus meinem Bewusstsein gehen.

Ich bin voller Selbstvertrauen.

Ich bin vollkommen für mich verantwortlich.

Ich bin wertvoll.

So könnten Ihre Glaubenssätze, Ihre Affirmationen aussehen:

Liebevoll akzeptiere ich meine Entscheidungen und weiß, dass ich die Freiheit habe, etwas zu ändern.

Ich liebe und akzeptiere mich voll und ganz, so wie ich bin.

Ich weiß, dass ich auf meinem Lebensweg die richtigen Leute anziehe.

Ich akzeptiere meinen Partner so, wie er ist.

Ich werde so akzeptiert, wie ich bin.

Ich achte auf mein Denken und wähle bewusst positive Gedanken.

Grenzenlose Energie durchströmt meinen Körper.

Von Tag zu Tag gelingt es mir besser, meine Bedürfnisse wahrzunehmen.

Ich lasse die Vergangenheit los.

Der Stress verlässt meinen Körper.

Ich darf Fehler machen.

Ich löse mich vom Konkurrenzdenken.

Ich löse mich von dem Vergleichen mit anderen.

Positive Bestätigung ist ein einfach anzuwendendes Werkzeug, um negative Emotionen in gute und positive Gefühle und Gedanken umzuwandeln.

Wann immer Sie die Möglichkeit haben, sich Ihre Affirmation im Geiste zu sagen, dann tun sie es. Verbinden Sie eine kurze, bewusste Atempause mit einer Affirmation. Das können Sie mehrmals am Tag tun, denn kurz einmal tief durchatmen, die Augen schließen und Ihren Satz im Geiste sagen – dazu ist immer und überall Zeit. Machen Sie sich dies zu einer lieb gewonnenen Gewohnheit und Ihr Leben wird sich positiv, entspannter und zufriedener gestalten.

Betreiben Sie Achtsamkeit

Achtsamkeit ist eine Jahrtausende alte Methode, dennoch ist sie aktueller denn je. Sie setzt bei den eigenen Bedürfnissen und Empfindungen an – sowohl körperlich als auch geistig.

Achtsamkeit hält uns all unsere Gewohnheiten und Alltagshandlungen wie einen Spiegel vor Augen. Achtsamkeit bedeutet Erinnerung, Bewusstsein und Aufmerksamkeit.

Diese bewusste Aufmerksamkeit kann man auch als „Nicht-Abgelenkt-Sein" definieren. Zum einen stoppe ich meine negativen, bewertenden Gedanken und zum anderen bin ich mit meiner vollen Aufmerksamkeit bei dem, was ich gerade tue. Und dieses eine Tun nehme ich ganz bewusst mit all meinen Sinnen wahr.

Wer Achtsamkeit lebt, stellt sein innerstes Gleichgewicht wieder her. Achtsamkeit bedeutet, sich mit sich selbst auseinanderzusetzen. Sie nimmt all unsere Gewohnheiten, Verhaltensweisen, Prioritäten und Tätigkeiten im Alltag unter die Lupe. Es geht im Prinzip nur darum, immer weniger automatisch zu funktionieren, bewusster, entspannter und gelassener zu werden und somit wieder mehr Freude am Leben zu verspüren.

Achtsamkeit hilft uns, gerade bei dem Thema Stressbewältigung das eigene Tempo zu finden., aber auch wahrzunehmen, wie bestimmte Dinge und Situationen auf uns wirken, und zu sortieren, was uns wirklich wichtig ist und was nicht.

„Achtsam zu sein bedeutet, wach zu sein. Es bedeutet zu wissen, was wir tun."
(Jon Kabat-Zinn)

Dalai Lama bringt es auf den Punkt, indem er schreibt: „Unser Handeln im Alltag bestimmt, ob wir glücklich sind oder nicht." Was er damit ausdrücken will: Nicht unsere Gedanken und Meinungen sind entscheidend, sondern unser Tun und Handeln.

Wir können noch so viele Bücher lesen und Kurse besuchen, solange das angeeignete Wissen nicht in die Tat umgesetzt wird, wird sich nichts, aber auch rein gar nichts verändern. Wenn Sie also dieses Buch nur lesen, aber nichts davon in die Praxis umsetzen, werden Sie aus dem Hamsterrad Stress niemals entweichen können.

Aus diesem Grunde ist es auch so wichtig, Achtsamkeit in den Alltag zu integrieren, Achtsamkeit in der Form, dass Sie sich immer 100 Prozent gewahr sind, was Sie gerade in diesem Moment tun.

Also, liebe Leser – ab heute gehört Ihre Multitaskingfähigkeit der Vergangenheit an, denn mit Multitasking verteilen Sie Ihre Aufmerksamkeit auf mehrere Dinge gleichzeitig. Im Job kann man dies auch als Abwehr ansehen. Wenn gleichzeitig zahlreiche Aufgaben auf den Mitarbeiter einfallen, werden diese auch zeitgleich abgewehrt, sprich erledigt. Beziehen wir uns auf die Aussagen moderner Hirnforschungen, ist niemand in der Lage, gleichzeitig mehrere Dinge auf einmal zu verrichten. Das, was als Multitasking erscheint, ist nichts anderes als die Fähigkeit des Gehirns, zwischen verschiedenen Aufgaben blitzschnell hin und her zu schalten. Doch je schneller das Gehirn umschalten muss, desto mehr Fehler entstehen und desto größer wird unser Stressempfinden. Einzig und allein unser Unterbewusstsein ist multitaskingfähig, denn alle automatisch ablaufenden Vorgänge werden hier gesteuert.

Konzentrieren Sie Ihre Aufmerksamkeit auf EINE Tätigkeit. Erledigen Sie diese achtsam. Somit reduzieren Sie die Fehlerquote auf ein Minimum. Sie fühlen sich weniger gestresst und bleiben gelassener.

Achtsamkeit leben ist in allen Alltagssituationen möglich. Ich möchte Ihnen hier ein ganz konkretes Beispiel einer Achtsamkeitsübung an die Hand geben.

Sicherlich kennen Sie die Situation, dass Sie (angeblich) wieder einmal keine Zeit für eine kurze „Essenspause" haben. Ich setze das Wort angeblich jetzt bewusst in Klammern, denn das ist Alltag unter den Berufstätigen. Fakt jedoch ist, dass JEDER sich ganz bewusst fünf bis zehn Minuten Pause gönnen kann, um in Ruhe einen Apfel zu essen. Ok, Sie nehmen den Apfel, beißen zwischen Computer und Papier, zwischen E-Mail-Schreiben und einem kurzen Gespräch mit der Kollegin oder dem Kollegen hinein, kauen und schlucken. Nicht mehr und nicht weniger.

Wenn ich Sie jetzt fragen würde, wie er geschmeckt hat, wie er ausgesehen hat oder sie gar in 2 Stunden fragen würde, was heute Ihr Pausensnack war, würden Sie mir wahrscheinlich wie die meisten meiner Seminarteilnehmer keine konkreten Antworten auf diese Fragen geben können.

Sie haben den Apfel nicht bewusst, sondern automatisch und unbewusst, also nebenbei gegessen. Und genau hier setzen wir mit unserer ersten Achtsamkeitsübung an.

Achtsamkeitsübung „Apfel essen":

Nehmen Sie den Apfel in die Hand.

Nun betrachten Sie ihn, vielleicht riechen Sie auch mal an dem Apfel. Welchen Geruch hat er?

Sie halten ihn noch immer in der Hand. Wie fühlt er sich in Ihrer Hand an? Nehmen Sie die Farbe und das Gewicht wahr.

Jetzt beißen Sie in den Apfel genüsslich hinein. Sie hören den Laut der Apfelhaut, Sie spüren die Beschaffenheit des Apfelinneren und die Art, wie der Saft aus dem Apfel kommt, während Sie ihn kauen.

Ist er knackig und fest oder eher weich und etwas mehlig? Schmeckt er sauer oder süß oder vielleicht beides?

Durch diese Aufmerksamkeitsübung ändert sich die ganze Situation.

Und jetzt essen Sie den Apfel ganz bewusst. Spüren Sie? Die Situation hat sich dadurch merklich geändert. Sie befinden sich damit im Augenblick, also im Hier und Jetzt, und auch das ist Stressbewältigung.

Solche Achtsamkeitsübungen können Sie bei allem, was Sie tun, anwenden. Somit schalten Sie Ihren Automatismus aus, werden sich der jeweiligen Situation bewusst, umgehen Stress beziehungsweise lernen den bewussten Umgang mit ihm. Und da sich nicht alles umgehen lässt, ist ein bewusster Umgang mit Stress ausschlaggebend.

Nehmen Sie sich täglich etwas vor, dem Sie Achtsamkeit schenken wollen. Durch beständiges Üben werden Sie immer öfter im Hier und Jetzt sein. Das kann das Duschen morgens sein, die Fahrt im Auto zur Arbeit, ein Spaziergang im Park oder wenn Sie das Radio einschalten – hören Sie sich für eine Weile ganz bewusst die Musik an. Aber auch die Hand auf der Maus Ihres Computers, das Anziehen der Schuhe und die Bewegung des Stiftes auf dem Papier - all das sind Aktivitäten, die Sie für Ihre Aufmerksamkeitsübung verwenden können.

Wichtig dabei ist, dass Sie sich nicht von Ihren aufkommenden Gedanken ablenken und davontragen lassen. Registrieren Sie nur, was in Ihrem Körper vor sich geht und welche Gefühle in Ihnen entstehen, und kehren Sie dann wieder in den Augenblick, also in das Hier und Jetzt zurück.

„Wir alle möchten unser Leben so vollständig wie möglich leben. Deshalb müssen wir lernen, dort zu sein, wo das Leben stattfindet, nämlich genau hier und jetzt."
(Fred von Allmen)

Wenn Sie Achtsamkeit immer und immer wieder ausführen, befinden Sie sich dutzende Male am Tag in einem entspannten Zustand. Und Entspannung ist Regeneration. Regeneration ist Stressbewältigung.

Die Praxis der Achtsamkeit ist universell einsetzbar. Sie lebt vom Selbst(er)lernen, Üben, Ausprobieren und Praktizieren. Achtsamkeit bedeutet wertfreies Beobachten, Geduld, Vertrauen, Akzeptanz, Loslassen, Liebe und Mitgefühl und offen zu sein für Neues.

Teil 3

Was du heute kannst besorgen...

Was du heute kannst besorgen, das verschiebe nicht auf Morgen. Ich denke, diesen Spruch kennen wir alle zur Genüge. Und Sir Peter Ustinov brachte es mit seiner Aussage: „Die Menschen, die etwas von heute auf morgen aufschieben, sind dieselben, die es bereits von gestern auf heute verschoben haben", auf den Punkt. Man kann es auch Aufschieberitis nennen. Und diese ist die Hauptursache für Zeitnöte. Sie stiehlt Ihnen im wahrsten Sinne des Wortes die Zeit. Das Fatale daran ist, dass sie Ihre Leistung verhindert und mindert, den Druck erhöht und schlussendlich zu Stress führt. Das Zauberwort heißt Zeitmanagement.

Unter Zeitmanagement versteht man mehrere Vorgehensweisen, die dabei helfen sollen, anstehende Aufgaben und Termine innerhalb des zur Verfügung stehenden Zeitraums abzuarbeiten. Es wird zwischen persönlichem Zeitmanagement und Zeitwirtschaft unterschieden.

Wer gestresst ist, steht häufig unter Zeitdruck. Wer unter Zeitdruck steht, ist gestresst. Stress hat also immer auch etwas damit zu tun, wie man mit der Zeit, die einem zur Verfügung steht, umgeht. In Seminaren, bei welchen es um Stressbewältigung geht, wird hier auch immer von Zeitmanagement gesprochen. Der Begriff ist aus meiner Sicht jedoch etwas irreführend. Denn die Zeit können wir nicht managen. Das Einzige, was wir besser organisieren können, sind wir selbst. Man kann den Wecker ausschalten, die

Batterie aus der Uhr nehmen – das alles hat aber keinerlei Einfluss auf die Zeit. Die Zeit läuft dennoch weiter. Zeit ist also eher eine Ressource, welche uns zur Verfügung steht, ein Mittel um eine Handlung zu tätigen oder einen Vorgang ablaufen zu lassen.

Im Folgenden möchte ich Ihnen Beispiele aufzeigen, wie Sie ein effektives Ressourcenmanagement betreiben, um Ihre Ziele zu erreichen. Denn egal wie Sie das Thema Zeit betrachten, es geht hier nicht um Minuten, es geht um Ihre Ziele. Zeitmanagement oder, besser gesagt, Ressourcenmanagement soll Erfolge herbeiführen. Schauen wir uns an, welche Mittel es uns ermöglichen beziehungsweise zur Verfügung stehen, um Erfolg zu erzielen, um das Ziel zu erreichen – und das alles ohne Zeitdruck.

Tipps, um die Ressource Zeit effektiv zu nutzen:

1. Analysieren Sie zunächst Ihren Ist-Zustand

Erst wenn Sie genau wissen, womit und vor allem wie Sie Ihre Zeit nutzen, können Sie auch planen. Beobachten Sie sich und Ihren Joballtag, womit Sie Zeit verbringen, und achten Sie besonders auf Störungen.

2. Planen Sie, aber realistisch

Nachdem Sie nun Ihre Störenfriede erkannt und Ihr Ziel definiert haben, planen Sie Ihren Weg dahin. Das können ganz unterschiedliche Pläne sein. Es ist egal, ob Sie den Abschluss eines anstehenden Projektes planen oder den nächstgrößeren Karriereschritt.

Wichtig ist, dass Sie einen realistischen Plan, wenn erforderlich mit Tageszielen oder kleineren Etappenzielen, erstellen.

Es ist menschlich, dass wir uns in der Regel mehr vornehmen, als wir tatsächlich schaffen können. Erreichen wir unser Ziel nicht, demotiviert es uns, stresst uns, weil wir unter Zeitdruck geraten. Deshalb ist es wichtig, gewisse Puffer einzubauen. Verplanen Sie nur noch circa 50 Prozent Ihrer Zeit. Den Rest der Zeit haben Sie frei für Unvorhergesehenes, Pausen und Erholungsphasen. Gerade Erholungsphasen und kurze Pausen sind wichtig, um produktiv arbeiten zu können.

Man hat in Untersuchungen festgestellt, dass die Produktivität am höchsten ist, wenn man 1 Stunde arbeitet und anschließend 10 Minuten Pause macht. Wichtig bei Ihrer persönlichen Planung ist, dass Sie Ihre Leistungskurve kennen. Zu welchen Zeiten sind Sie am leistungsfähigsten? Nutzen Sie diese Zeit für anspruchsvolle Arbeiten und lesen Sie beispielsweise Ihre Mails in Zeiten, in welchen Ihre

Leistungskurve rapide sinkt. In den meisten Fällen ist das nach 13 Uhr. Ab 16 Uhr steigt die Leistungsfähigkeit bei vielen wieder an. Finden Sie heraus, wann Ihr Tageshoch und Tagestief ist, und planen Sie im Einklang mit Ihrer Leistungskurve.

3. Zeitdieben auf der Spur

Zeitdiebe oder Zeitfresser lauern in jedem Büro. Sie verstecken sich hinter Webseiten, Social Media Accounten, hinter dem ständig geöffneten E-Mail Programm, aber auch Kollegen gehören zu ihnen. Nicht immer sind sie unmittelbar erkennbar, gerade wenn sie Spaß machen oder für gewünschte Ablenkung sorgen. Jedoch hindern sie uns immer am Erreichen unseres Ziels. Machen Sie sich also bewusst, welche Zeitfresser sie tagtäglich von Ihrer produktiven Arbeit abhalten.

Fragen Sie sich auch:
- durch wen Sie gestört werden;
- durch was Sie gestört werden,
- wie lange die Unterbrechungen dauern,
- wann Sie unterbrochen werden und
- was der Anlass für die Unterbrechung ist.

Dabei werden Sie feststellen, dass die meisten Unterbrechungen nicht wirklich wichtig sind und auf später hätten verschoben werden können. Es gibt immer wieder

Kollegen, die wegen jeder Kleinigkeit anrufen, eine E-Mail schicken oder zu Ihnen ins Büro kommen.

Mögliche Zeitdiebe sind auch die berühmt berüchtigten Montagsmeetings, auch wenn es nichts wirklich Wichtiges zu besprechen gibt; die Aufschieberitis, weil unter Umständen die zu erledigende Aufgabe keinen Spaß macht, oder allgemein die Konzentrationsschwäche. Dann driften unsere Gedanken immer wieder vom Eigentlichen ab.

4. Prioritäten setzen

Prioritäten setzen, heißt darüber zu entscheiden, welche Aufgaben besonders wichtig sind.

Eine erfolgreiche Priorisierung setzt neben Organisation ein konsequentes Handeln voraus, denn jede Aufgabe, welche an uns herangetragen wird, zieht zunächst einmal unsere Aufmerksamkeit auf sich. Sie erweckt in uns das Gefühl der Dringlichkeit. Die Hektik unseres Alltags lässt uns oft auch die Übersicht über die Dringlichkeit abhandenkommen.

Es gibt zahlreiche Varianten von sogenannten Priorisierungssystemen, die meiner Meinung nach viel zu aufwendig sind, um sie im Alltag anzuwenden, und oft wieder in Zeitdruck enden. Aus diesem Grunde empfehle ich, das System so einfach wie nur möglich zu halten und drei bis maximal vier Kategorien zu erstellen.

Diese könnten in etwa so aussehen:

Wichtig und dringend – heute erledigen

Wichtig, aber nicht dringend – für später einplanen, definieren Sie hierfür einen festen Termin

Dringlich, aber nicht wichtig – delegieren

Nicht dringlich und nicht wichtig – Ablage P „Papierkorb"

Teil 4

Kommen Sie in Bewegung

Kommen Sie in Bewegung

Was hat Stress mit Bewegung zu tun? Für viele Berufstätige ist der Alltag mit Stress vollgepackt: Zeitdruck, eine Flut von Terminen und das Gefühl, den steigenden Anforderungen nur noch hinterher zu hetzen.

Ein weiterer nicht zu unterschätzender Aspekt ist, dass wir in der heutigen Zeit vorwiegend einer sitzenden Tätigkeit nachgehen.

Begeben wir uns nochmals auf eine kleine Zeitreise – eine Reise zu den Anfängen der menschlichen Entwicklung. Unsere Vorfahren sahen sich in ständigen lebensbedrohlichen Situationen.

Nehmen wir den Säbelzahntiger als Beispiel. Standen sie diesem gegenüber, war es für sie äußerst wichtig, in kürzester Zeit über viel Energie und Kraft zu verfügen, um sich reflexartig für Flucht oder Angriff zu entscheiden. Die dafür benötigte Energie stellte der Körper durch die sogenannte Alarmfunktion bereit. Diese Alarmreaktion funktioniert heute noch genauso wie vor vielen tausend Jahren. Schätzen wir eine Situation bedrohlich ein, erhöht unser Körper den Puls und stellt zusätzliche Energie für Muskeln und Gehirn bereit. Für kurze Zeit werden sämtliche ihm zur Verfügung stehende Reserven für einen Kampf oder die Flucht mobilisiert. Die Atmung beschleunigt sich, die Muskulatur stellt sich auf Leistung ein. Andere Funktionen wie

Immunabwehr und Verdauungssystem werden heruntergefahren.

Die typische Stressreaktion unseres Körpers ist ein uraltes Programm unserer Gene. Nur sieht unser Alltag heute anders aus als der unserer Vorfahren. Oder haben Sie schon einmal Menschen gesehen, die vor ihrem Chef davonrannten oder gegen ihn in den körperlichen Kampf zogen?

Heute ist es eher so, dass wir aufgrund des modernen Alltags, welcher vorwiegend aus sitzenden Tätigkeiten besteht, dem aufkommenden Stress nicht mehr entfliehen können. Das heißt, unser Körper steht unter Daueranspannung. Das merken Sie unter anderem daran, dass am Ende eines Arbeitstages die Muskeln oft verspannt sind, Sie sich unausgeglichen fühlen. Die körperliche Höchstleistung, auf die unser Organismus immer noch eingestellt ist, wurde nicht eingefordert und der so entstehende Dauerdruck belastet uns und die Gesundheit. In Folge dessen entwickeln wir die unterschiedlichsten Symptome wie zum Beispiel Magenverstimmungen, Schlafmangel, Leistungsmangel bis hin zu körperlichen Erkrankungen wie Rückenschmerzen, Herz-Kreislauf-Erkrankungen, Bluthochdruck, Krebs und vieles mehr.

Das ist nicht verwunderlich, bedenken wir, dass der menschliche Körper zu rund 40 Prozent aus Muskelmasse besteht. Die Muskeln halten uns aufrecht. Nur durch sie sind wir in der Lage, mobil zu sein. Sie sind dafür geschaffen, sich zu bewegen. Allerdings bewahren sie ihre Funktionalität nur dann, wenn ein gesundes Wechselspiel zwischen An- und Entspannung, also zwischen Bewegung und Entspannung, besteht – sie kontrahieren. Sitzen wir den ganzen Tag, so werden diese nicht genutzt, und verlieren ihre Funktionalität.

Doch auch bei übermäßiger Nutzung bzw. bei Regungslosigkeit – nämlich dann, wenn sie sich beispielsweise gestresst fühlen, über einen längeren Zeitraum hoch-konzentriert arbeiten oder auch emotional übererregt sind-, kommt es zu Muskelverspannungen. Das liegt daran, dass bereits ein elektrischer Impuls, welcher an eine Nervenzelle gesendet wird, eine Muskelkontraktion auslöst. Das geschieht bei allem, was Sie tun, egal ob Sie sich bewegen, denken, sprechen, essen.

Gesundheitliche Folgen hat es dann, wenn die Muskeln einem Dauerdruck ausgesetzt werden, also keine regelmäßige Entspannung erfahren.

In meinen Seminaren zum Thema Rückengesundheit sind die Teilnehmer immer wieder erstaunt darüber, welchen Einfluss Stress auf den Rücken hat und umgekehrt. Haben Sie also gefühlt keinen Stress, gehen aber überwiegend einer sitzenden Tätigkeit nach, sorgen für wenig bis gar keinen Ausgleich und klagen über Rückenschmerzen, erzeugt dies wiederum Stress, Stress für Ihre Wirbelsäule und auch für Ihr allgemeines Befinden.

Folgende Abbildungen verdeutlichen, welcher Druck bei den unterschiedlichen Haltungen auf unserer Wirbelsäule lastet.

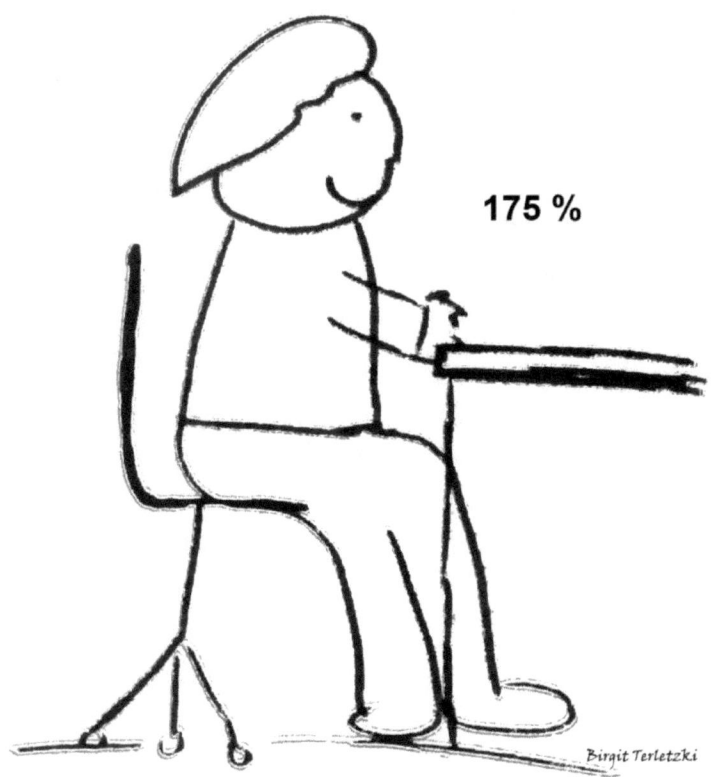

175 %

Birgit Terletzki

100 %

Birgit Terletzki

Im liegenden Zustand (gerade auf dem Rücken liegend) wird die Wirbelsäule dagegen nur zu 25 % belastet.

Wir holen uns nochmals in Erinnerung: Der Begriff Stress bedeutet übersetzt Druck.

Sind Sie verspannt? Oder gehören Sie auch zu den zahlreichen Menschen, die gar nicht mehr merken, wie verspannt sie wirklich sind?

Da sie sich daran gewöhnt haben, empfinden sie diesen Zustand als „normal". Ständiger Stress führt dazu, dass Sie im Laufe der Zeit das Bewusstsein für ein gesundes Körpergefühl verlieren. Sie verlernen, auf die Warnsignale Ihres Körpers zu hören. So nehmen Sie Dauerverspannung als Normalzustand wahr und genauso betrachten Sie Stress als Normalität und wundert sich dann, wenn irgendwann der Körper – ganz plötzlich – streikt.

Stress führt zu gesundheitlichen Schäden. Die Weltgesundheitsorganisation zählt Stress zu den größten Gefahren des 21. Jahrhunderts. Die Möglichkeiten von Flucht oder Kampf bei Stress stehen uns im heutigen Zeitalter nicht mehr zur Verfügung. Deshalb ist es wichtig, andere Varianten zum Stressabbau zu finden.

Bewegen Sie sich! Bewegen Sie sich regelmäßig!

Doch glauben Sie bitte nicht, dass es für eine effektive Stressbewältigung ausreicht, zwei- bis dreimal pro Woche joggen zu gehen. Einen wirklich tiefgreifenden Erfolg werden Sie nur dann erzielen, wenn Sie auch die anderen in diesem Buch aufgezeigten Strategien einbeziehen.

Suchen Sie sich Bewegungsvarianten, welche Ihnen Freude bereiten und in Ihren Tagesablauf hineinpassen. Es macht keinen Sinn, wenn Sie wieder Stress verspüren, weil Sie sich beispielsweise für dreimal Joggen pro Woche entschieden haben.

Es ist nichts Neues, dass der Mensch Bewegung braucht, um gesund, schlank und leistungsfähig zu bleiben. Bereits der französische Philosoph Blaise Pascal sagte: „Zu unserer Natur gehört die Bewegung, die vollkommene Ruhe ist der Tod…"

Wie viel Bewegung braucht der Mensch aber nun? Wie wir uns Bewegung verschaffen, ist unserem Körper dabei ziemlich egal. Internationalen Empfehlungen zufolge sollten wir uns täglich mindestens 30 Minuten bewegen. Welche Art von Bewegung Sie dabei bevorzugen, ob zügiges Gehen, Walken, Rad fahren oder der Gang ins Fitnessstudio, ist dabei unerheblich. Wichtig ist, dass die Muskeln aktiviert werden, der Puls ansteigt und der Stoffwechsel auf Touren kommt. Moderate Anstrengungen reichen dabei völlig aus.

Hier möchte ich Ihnen einige Anregungen geben, wie Sie mehr Bewegung in Ihren Arbeitsalltag integrieren können.

Bewegt durch den Alltag

Beginnen Sie den Tag mit einem zügigen Gang.

1. Parken Sie Ihr Auto weiter weg vom Büro und laufen Sie die letzten 10 Minuten zügig zum Büro.

2. Steigen Sie eine S-Bahn-Station früher aus. Nicht nur macht dieser Gang wach, Sie bringen Ihren Kreislauf in Schwung und haben schon die ersten Bonusmeilen auf Ihrem Bewegungsbarometer für den Tag gesammelt.

3. Genauso gut können Sie mit dem Fahrrad ins Büro fahren. Oder Sie legen zumindest die Strecke von Wohnung bis zur U-Bahn mit dem Fahrrad zurück.

Der Mittagsmüdigkeit davonlaufen

Essen Sie etwas Gesundes und begeben Sie sich dann für einen kurzen, aber intensiven Spaziergang nach draußen. Das Mittagstief verschwindet so ganz von selbst und Ihr Bonusmeilenkonto ist wieder ein Stückchen voller geworden.

Stresshormone überlisten

1. Angestauter Stress macht hungrig und dick. Am besten lässt sich Stress abbauen, indem Sie sich körperlich betätigen. Warum also nicht den Arbeitsstress hinter sich lassen, indem man abends einen Spaziergang macht oder sich im Garten "verausgabt". Wie und welche Art von Tätigkeit Sie hier für sich finden, ist egal. Die Hauptsache ist, Sie bewegen sich.

2. Gehen Sie zu Fuß oder steigen Sie aufs Fahrrad (zum Einkauf, zur Arbeit, zu Verabredungen, in der Mittagspause).

3. Nehmen Sie die Treppe zu Ihrem Büro, im Kaufhaus oder in anderen Gebäuden.

4. Stehen Sie im Büro häufiger auf. Halten Sie Kurzmeetings im Stehen ab. Überbringen Sie Ihrer Kollegin die Nachricht persönlich und nicht per E-Mail.

5. Telefonieren Sie im Stehen.

6. Tauschen Sie Ihren Bürostuhl ab und an gegen einen Gymnastikball aus.

All diese Tipps lassen sich leicht in jeden Arbeitsalltag integrieren. Sie werden so Schritt für Schritt ungesunde Gewohnheiten in gesunde Gewohnheiten ändern und sich wieder vitaler, leistungsfähiger, energiegeladener und gesünder fühlen.

Entspannen Sie sich

Es gibt eine Vielzahl an Möglichkeiten um Gutes für Körper, Geist und Seele zu tun. Die beste und wirksamste Methode jedoch ist die Entspannung, da die Heilkraft der Entspannung von innen herauskommt. Sie ist der natürlichste Weg zu Wohlbefinden und Gesundheit.

Unter Entspannung verstehen wir in erster Linie die Erholung des Körpers von den Anstrengungen und Belastungen des Alltags und von Stress. Gelegentliches Füße hoch legen, der Mittagsschlaf, Urlaub, Musik hören, Lesen und das Herumtrödeln am Wochenende sind gute Möglichkeiten, Körper und Seele die notwendigen Ruhe- und Erholungspausen zu verschaffen. Wichtig dabei ist die Regelmäßigkeit.

Entspannung ist der natürlichste Weg zur Stressbewältigung. Sie ist persönlich und individuell. Sehen Sie die Ruhe als ein lebenswichtiges Prinzip, als eine Maßnahme zur alltäglichen gesundheitsfördernden Lebensweise an. Entspannung kann auch als eine wichtige innere Ressource betrachtet werden, die zur Steigerung des Körperbewusstseins führt. Daraus resultierend stellt man oft seine bisherigen ungesunden Lebensgewohnheiten um, sodass Entspannung zu einer allgemeinen Verbesserung der Gesundheit führen kann. Entspannung tritt jedoch nicht automatisch ein. Sie muss bewusst herbeigeführt und durch Regelmäßigkeit aktiviert werden. Doch Sie müssen es auch wollen. Die innere Bereitschaft sich zu öffnen und hinzugeben, sollte vorhanden sein. Erst dann wird automatisch das angeborene Anti-Stressprogramm in Gang gesetzt.

Ich möchte Ihnen im Folgenden zahlreiche Entspannungsvarianten aufzeigen. Einige können Sie direkt im Job, in der U-Bahn oder wo auch immer Sie sich gerade befinden anwenden, andere erfordern etwas mehr Zeit beziehungsweise etwas Übung, um die wunderbare Wirkung auf Körper, Geist und Seele erfahren zu dürfen.

Bitte probieren Sie nicht gleich alle Varianten wild durcheinander aus. Lesen Sie sich diese erst einmal in Ruhe durch. Sie werden dabei schon feststellen, welche Version Ihnen am besten gefällt, die Sie auch in Ihren Alltag integrieren können. Bedenken Sie, so individuell Stress ist, so individuell ist auch die Stessbewältigung und damit verbunden die Entspannungsmethoden. Das, was dem einen guttut, muss nicht zwangsläufig auch Ihnen guttun. Haben Sie Ihre Übung gefunden, nehmen Sie sich die Zeit, um sie regelmäßig durchzuführen, aber erzwingen Sie nichts. Je bewusster, länger und tiefer Sie sich darauf einlassen, desto erfolgversprechender werden die Resultate sein.

Entspannungsverfahren sind recht leicht zu erlernen. Der Grund dafür liegt in der Nutzung biologischer Funktionen des menschlichen Organismus. Man erfindet nichts Neues, sondern nutzt Bestehendes, oftmals in Vergessenheit

Geratenes, nämlich die genetisch programmierte mentale und körperliche Fähigkeit zur Regeneration. Es verhält sich hier wie bei allen Dingen, die man vergessen oder verlernt hat. Nur durch beständiges Üben und das Einlassen auf Entspannung kann der Körper wieder lernen, wie sich Entspannung anfühlt. Setzen Sie sich nicht unter Druck, sondern gehen Sie es gelassen an. Lassen Sie sich und Ihrem Körper Zeit, diese neue Erfahrung zu machen.

Alle Entspannungsverfahren lassen sich letztendlich auf zwei Grundprinzipien zurückführen. Auf die Verbesserung der Körperwahrnehmung und die Erhöhung der Vorstellungskraft

Nachfolgend stelle ich Ihnen die unterschiedlichsten Entspannungsmethoden vor. Suchen Sie eine passende Methode aus und lassen sich auf das Wohlgefühl ein. Bitte beachten Sie, dass Sie erst durch regelmäßiges Üben den gewünschten Erfolg erreichen werden.

Autogenes Training

Das Autogene Training ist eine Technik der Entspannung, die auf Autosuggestion basiert. Das heißt, Sie können mit eigenen suggestiven, also selbst beeinflussenden Kräften körperliche und seelische Entspannung hervorrufen. Autogenes Training ist eine selbstgesteuerte Entspannung.

Die Methode des Autogenen Trainings wurde vom Berliner Arzt Johannes Heinrich Schulz (1884-1970) entwickelt. Er arbeitete lange Zeit vorher schon mit der Therapie durch Hypnose und verbuchte damit große Erfolge. Daraus entwickelte er die Technik des Autogenen Trainings mit dem Ziel, dass sich Patienten auch ohne seine Betreuung durch die Aktivierung ihrer Selbstheilungskräfte alleine helfen konnten. 1932 brachte er schließlich sein erstes Buch „Das Autogene Training" heraus.

Lassen Sie uns einen Blick auf die Bedeutung des Begriffes schauen. Dieser leitet sich aus den griechischen Wörtern „autos" (selbst) und „genos" (üben) ab. Das Wort Training besagt, dass es durch systematisches und regelmäßiges Üben erlernt werden kann und sich mit zunehmendem Training die Erfolge und Effekte einstellen.

Da es sich bei dieser Methode um Autosuggestionen handelt, sollten Sie diese Technik mit Sorgfalt praktizieren. Gehen Sie nicht mit negativen oder ängstlichen Gefühlen an das Üben heran. Es ist hilfreich, sich vorher damit auseinanderzusetzen, welchen Einfluss die Übungen auf unseren Körper haben. Zum Beispiel ist es sinnvoll, dass Herzpatienten sich mit den möglichen Auswirkungen auf den Körper vertraut machen.

Durch das Autogene Training werden aufgrund der immer gleichen Übungsabfolge und Wiederholungen Körper und Geist auf die „Übungen" eingestellt und die Entspannung wird schneller erreicht.

Da sich Entspannung nicht per Knopfdruck einstellt, sollten Sie ohne jeglichen Leistungsdruck an das Erlernen herangehen und sich in erster Linie wieder auf die Wahrnehmung Ihres eigenen Fühlens konzentrieren.

Ein regelmäßiges Üben fördert den Erfolg. Aber auch hier gilt: Wenden Sie Autogenes Training lange Zeit nicht an, dann vergisst Ihr Körper das Erlernte wieder.

Mit dem Autogenen Training lenken Sie die Aufmerksamkeit von Ihren Alltagsgedanken weg und hin auf Ihre Körperempfindungen. Es wird eine umfassende Entspannung und eine dauerhaft bessere Regulation der Körpersysteme gefördert. Zudem lässt sich die eingeübte Entspannungsfertigkeit nutzen, sich in jeder belastenden Situation sofort durch Einsatz des Erlernten helfen zu können.

Der gesundheitliche Nutzen des Autogenen Trainings spricht für sich. Nachweis der Wirksamkeit nach bereits 2 Wochen regelmäßiger Anwendung:

- Reizbarkeit 63 %
- Nervosität 62 %
- Schlafschwierigkeiten 52 %
- Muskelverspannungen 58 %
- Mattigkeit 50 %
- Konzentrationsschwierigkeiten 39 %
- Herzbeschwerden 46 %
- Kreislaufbeschwerden 46 %
- Verdauungsbeschwerden 24 %
- Atembeschwerden 50 %

Nach einem Jahr verbesserten sich die Beschwerden der Betroffenen um 70 bis 89 Prozent.

Wenn Sie einmal das Autogene Training beherrschen, haben Sie eine sehr wirkungsvolle Entspannungstechnik, welche Sie ÜBERALL anwenden können. Sie sind damit in der Lage, sich überall sekundenschnell zu entspannen.

Progressive Muskelrelaxation (PMR)

Die Progressive Muskelentspannung, kurz PMR, ist in den 20er Jahren vom amerikanischen Arzt und Psychologen Edmund Jacobsen entwickelt worden. Sie ist eine Entspannungstechnik, bei der durch die willentliche und bewusste An- und Entspannung bestimmter Muskelgruppen ein Zustand tiefer Entspannung des ganzen Körpers erreicht wird.

Dabei werden nacheinander bestimmte Muskelpartien in einer festgelegten Reihenfolge zunächst angespannt, kurz gehalten und anschließend wird die Spannung wieder gelöst. Wir konzentrieren uns hierbei auf den Wechsel zwischen Anspannung und Entspannung und auf die Empfindungen, die mit diesen unterschiedlichen Zuständen einhergehen. Ziel ist die Senkung der Muskelspannung unter das normale Niveau aufgrund einer verbesserten Körperwahrnehmung. Mit der Zeit lernen Sie die muskuläre Entspannung herbeizuführen, wann immer Sie dies möchten.

Durch die Entspannung der Muskulatur können auch körperliche Unruhe, Erregung, Migräne und ähnliches reduziert werden. Darüber hinaus können Muskelverspannungen aufgespürt, gelockert und damit Schmerzzustände verringert werden. Die PMR eignet sich besonders gut zur Reduktion starker innerer

Spannungszustände, die bei Ängsten, Schlafstörungen oder Schmerzen auftreten. Auch bei Verspannungen der Muskulatur ist diese Methode auf Dauer ein geeignetes Mittel, um diese zu lösen.

Kurzanleitung zur Übung Progressive Muskelanspannung

Setzen Sie sich bequem, aber aufrecht hin.

Richten Sie Ihre Aufmerksamkeit auf die jeweilige Muskelgruppe.

Spannen Sie die Muskeln kurz an (ca. 5 bis 8 Sekunden), verkrampfen Sie nicht und atmen Sie dabei normal weiter.
Mit dem Ausatmen lösen Sie die Spannung wieder und entspannen für ca. 30 Sekunden. Spüren Sie in sich, spüren Sie den Unterschied zwischen Anspannung und Entspannung. Versuchen Sie mit jedem Ausatmen die Muskeln mehr und mehr loszulassen.

**Und so geht es:**

Ballen Sie beide Hände zu Fäusten und winkeln die Ellenbogen an.

Ziehen Sie die Augenbrauen zusammen, rümpfen die Nase, pressen die Lippen zusammen und ziehen den Kopf leicht ein.

Ziehen Sie die Schultern hoch zu den Ohren, kreisen sie nachhinten unten und drücken sie zusammen.

Drücken Sie beide Fersen auf den Boden, ziehen Sie die Zehenspitzen an, spannen Sie nun die Unterschenkel, Oberschenkel und Gesäßmuskeln an.

Und nun kommen Sie aus der Entspannung zurück indem Sie die Hände zu Fäusten ballen, sich strecken und recken, tief ein- und ausatmen und die Augen öffnen.

Meditation

Einen anderen Weg zur Entspannung stellt die **Meditation** dar. In den verschiedenen Formen der Meditation wird die Entspannung durch Überwindung des sonst ständig fließenden Gedankenstromes erreicht. Ziel ist es, den Zustand einer tiefen inneren Ruhe zu erreichen. Man kann sich auf den Atem, auf Silben, auch Mantras genannt, Worte (Gebete) oder Gegenstände wie beispielsweise einen Baum oder einen Berg konzentrieren. Durch die Gleichförmigkeit, die Regelmäßigkeit und die Dauer des Übens erreicht man tiefe Ruhezustände. Mit Hilfe der Meditation trainieren Sie Ihr Gehirn zum Stillhalten und Nichtstun. Das ist für unsere Schaltzentrale eine äußerst effektive Möglichkeit, wirklich einmal abzuschalten und sich zu regenerieren. Befindet sich unser Kopf doch permanent im Dienst, ist voller Gedanken und - sicher stimmen Sie mir zu - immer gestresst und sehr oft unkonzentriert. Probieren Sie es aus, in aller Ruhe nichts zu tun. Ein weiterer Vorteil der Meditation besteht darin, dass man sich selbst wieder ein Stück näher kommt und selbstsicherer wird.

Der Erfolg ist abhängig von der Disziplin und Fähigkeit, die abschweifenden Gedanken immer wieder zum Gegenstand der Meditation zurückführen zu können, aber auch mit aufsteigenden belastenden Erlebnissen umgehen zu können. Doch ist es wichtig, dass Sie sich niemals unter Druck setzen. Lassen Sie sich Zeit, erzwingen Sie nichts, aber üben Sie regelmäßig.

Im Folgenden möchte ich Ihnen eine Beispielmeditation geben. Es ist eine sogenannte Visualisierungsmeditation. Bei dieser Art von Meditationen stellt man sich etwas bildlich vor – einen Gegenstand, eine Person oder eine Situation. Diese Methode findet häufig in der Psychotherapie, aber auch in der Medizin Anwendung, um Heilerfolge zu erzielen.

BERGMEDITATION - Übung

1. Nehmen Sie Ihre Mediationshaltung ein. Ich empfehle Ihnen, sich bequem hinzusetzen, der Rücken ist dabei gerade aufgerichtet, die Hände liegen locker auf den Knien oder im Schoß. Wichtig ist, dass Ihr Atmen frei fließen kann. Deshalb achten Sie bitte auf locker sitzende Kleidung.

Schließen Sie die Augen und richten Sie Ihre Aufmerksamkeit auf Ihren Atem. Die Bauchatmung sollten Sie ein paar Minuten durchführen, damit sie zur Ruhe kommen können.

2. Stellen Sie sich nun den schönsten Berg, den Sie kennen, vor. Lassen Sie ihn vor Ihrem geistigen Auge so real wie nur möglich entstehen. Ist er hoch und spitz, hat er eine eher abgerundete Form oder hat er einen breiten, langgezogenen Rücken? Ist er kahl oder eher grün bewachsen? Liegt auf der Kuppel Schnee? Wie auch immer der Berg aussehen mag - verweilen Sie in diesem Augenblick, sitzen und atmen Sie mit dem Bild des Berges vor Ihrem geistigen Auge, beobachten Sie, wie Ihr Körper mit dem Berg verschmilzt.

Vielleicht verändert sich das Bild Ihres Berges – vielleicht umgibt ihn nun Nebel oder die Sonne bricht hervor, der Schnee auf dem Gipfel beginnt zu schmelzen und es wird Ihnen wohlig warm.

Lassen Sie diese Bergwelt mit all Ihren Gefühlen auf sich einwirken. Beobachten Sie aus der Stille heraus und lassen Sie alles geschehen. Werden Sie zu diesem Berg, zu dieser Bergwelt. Ihr Kopf wird zum Berggipfel, Schultern und Arme zu den Steilhängen und Ihre Beine sind die Füße des Berges Sie sind der Berg.

3.Spüren Sie die Kraft und die Ruhe des Berges in sich. Nichts kann ihn aus der Bahn werfen, er überdauert alle Zeiten und verharrt unberührt von allen Geschehnissen. Lassen Sie Ihren Geist in der Meditation ruhen.

4. Atmen Sie tief ein, dann lassen Sie Ihren Atem ausströmen. Öffnen Sie langsam die Augen und räkeln und strecken Sie sich. Versuchen Sie die Ruhe, die Kraft und Stärke des Berges in Ihren Tag mitzunehmen.

So wie der Berg unberührt von Geschehnissen bleibt, halten auch Sie dem Sturm der Emotionen, Situationen und Eindrücke stand.

Diese Bergmeditation verhilft Ihnen zu innerer Ruhe und Selbstbewusstsein.

Ich habe diese Mediation gewählt, weil es eine meiner Lieblingsmediationen ist. Ich selbst gehe leidenschaftlich gern Bergwandern – und kann so am besten abschalten, neu auftanken.

Yoga

Der Begriff Yoga stammt vom Wort yui ab, welches aus der altindischen Literatursprache Sanskrit stammt und „sammeln, konzentrieren, gemeinsam wirksam werden lassen" bedeutet. Es sollen die Energien von Körper, Geist und Seele konzentriert und ins Gleichgewicht gebracht werden. Außerdem werden über bestimmte Körperstellungen die Dehnung, die Anregung und Kräftigung von Körperbereichen wie Wirbelsäule, Muskeln und Gelenken erreicht. Durch die Vermittlung der Yogaatmung und einer entsprechenden Geisteshaltung wird ein Zugang zu tiefen Entspannungszuständen geschaffen. Die Anwendung dieser Atemtechniken im Alltag dient in Stresssituationen zur besseren Bewältigung. Die Tiefenentspannung aktiviert die Selbstheilungskräfte und verhilft zu neuer Lebensfreude. Ähnlich wie die Meditation stellt das YOGA ein umfassendes erfahrungswissenschaftliches System dar und kann über die Entspannung hinaus auch zur spirituellen Entwicklung genutzt werden.

Tai Chi – Chi Gong

Tai Chi ist eine Art Bewegungsmeditation mit sanften runden Bewegungen, die dem Atemrhythmus folgen.

Das **Chi Gong** ist eine Sammlung von Methoden der traditionellen chinesischen Medizin zur Förderung körperlich-seelischer Gesundheit. Dabei werden sanfte Bewegungs- und Atemübungen, Aufmerksamkeitslenkung und Vorstellungsbildung eingesetzt. Grundgedanke beider Verfahren ist das Wechselspiel von YIN und YANG als entgegengesetzte Kräfte im Körper, die es ins Gleichgewicht zu bringen gilt. Durch die Harmonisierung der körperlichen und psychischen Vorgänge werden Entspannung und ein besserer Energiefluss erreicht. Mehrere Studien haben die gesundheitsfördernden Aspekte bereits nachgewiesen. Beide Verfahren streben an, Blockaden im Fluss der Lebensenergie (Chi) aufzulösen und sie wieder zum Fließen zu bringen. Gong bedeutet beharrliches Üben, was bei jedem Entspannungsverfahren notwendig ist, um den gewünschten Erfolg der körperlichen und seelischen Entspannung herbeiführen zu können.

Atmen Sie den Stress weg

Haben Sie sich schon einmal Gedanken darüber gemacht, ob Sie richtig atmen? Was für eine Frage, werden Sie jetzt sicherlich denken. Ich atme eben – ganz normal – automatisch. Warum sollte ich darüber nachdenken?

Atem ist Luft und ohne Luft kann man nicht leben.

Ein erwachsener Mensch atmet pro Minute ca. 15-mal. Das sind pro Tag ungefähr 20.000 Atemzüge. Das sagt aber noch nichts über die Qualität des Atmens aus.Fakt ist, dass beim Atmen Sauerstoff (ca. 500 Liter pro Tag) in die Lunge gelangt, der von dort über das Blut in unserem gesamten Körper verteilt wird. Und nur wenn alle Organe permanent mit ausreichend Sauerstoff versorgt werden, können diese ihrer Arbeit optimal nachgehen. Wenn wir jedoch unter Stress stehen, wird der Atem automatisch flacher und gepresster. Nun gelangt nur noch ein Bruchteil an Sauerstoff (ca. 7 bis 10 Liter) über den Blutkreislauf zu den Organen. Diese verlieren somit mehr und mehr von ihrer Funktionalität.

Und nun machen Sie doch einmal den Test, ob Sie tatsächlich richtig atmen. Am besten Sie legen sich flach auf den Rücken und legen eine Hand auf den Bauch. Nun beobachten Sie, ob sich beim Atmen Ihr Bauch oder Ihre Brust hebt.

Ich tippe mal darauf, dass sich Ihre Brust heben wird, der Bauch aber eher unbewegt bleibt. Das bedeutet, Sie sind

„Brustatmer" geworden, Sie atmen zu flach – Sie atmen falsch.

Schauen Sie die Babys an, wenn sie atmen. Da bewegt sich beim Atmen der Bauch – sie atmen also tief in den Bauch hinein- sie atmen richtig.

Leider haben die meisten von uns auf dem Weg vom Kindes– ins Erwachsenenalter verlernt, richtig zu atmen.

Und nun beobachten Sie weiter, wie viele Atemzüge Sie in einer Minute machen.

Die Ruheatmung sollte nicht mehr als 15 Atemzüge pro Minute umfassen (bei Frauen 14 – 15 Atemzüge, bei Männern 12 – 14 Atemzüge). Unter Belastung sind 30 Atemzüge normal und bei gezielter Entspannung sprechen wir von 6 bis 10 Atemzügen pro Minute. Wenn man mehr Atemzüge pro Minuten benötigt, bedeutet das, dass der Körper über die Lunge zu viel Kohlendioxid (Kohlensäure) loswerden will. Im Umkehrschluss heißt das aber auch, dass Ihr Körper einer permanenten Sauerstoffunterversorgung ausgesetzt ist. Das führt langfristig unter anderem zu Kopfschmerzen, Kreislaufproblemen, Konzentrationsschwäche, Ermüdungserscheinungen, Verspannungen und verschiedenen körperlichen Erkrankungen.

„Das Kraut des Internisten und das Messer des Chirurgen heilen von außen, der Atem heilt von innen."
(Paracelsus)

Die richtige Atmung ist somit ein weiterer Baustein für Ihre individuelle Stressbewältigung, denn Stress verursacht eine flache Atmung und eine flache Atmung erzeugt Stress. Das richtige Atmen ist ein sehr effektiver Stresslöser. Probieren Sie es einfach aus. Sie werden merken, dass sie sich danach schon viel ruhiger, klarer und entspannter fühlen.

Atemübungen entspannen Körper und Geist und stärken zudem unser Immunsystem. Es ist wissenschaftlich bewiesen, dass Atemübungen tiefgreifende Auswirkungen auf unsere Gesundheit haben. Aber auch dann, wenn Sie wieder in die negative Gedankenspirale driften oder schlechte Gefühle aufkommen, dann atmen Sie diese einfach mit einem ganz tiefen Atemzug weg.

Und nun lade ich Sie ein, sich mit den unterschiedlichsten Atemübungen vertraut zu machen. Betrachten Sie diese **Praxisübung** als eine Entspannungsreise für Ihren heutigen Tag. Spüren Sie in sich hinein, wie diese Übungen auf Sie wirken, wie Sie sich anschließend fühlen. Nehmen Sie sich die Zeit – Sie sind es sich wert!

„Bauchatmung"

Legen Sie sich flach auf den Rücken und legen Sie sich die Hand auf den Bauch. Entspannen Sie die Bauchmuskeln und atmen Sie tief in den Unterbauch ein, bis sich Ihre Hand hebt.

Nun atmen Sie langsam wieder aus, dabei sollte sich die Hand auf dem Bauch deutlich senken.

Setzen Sie sich nun aufrecht hin und halten Sie die rechte Hand an den Unterbauch, die linke an die Brust. Atmen Sie durch die Nase ein und zwar so, dass sich die rechte Hand mit der Atmung hebt und senkt, während sich die linke kaum bewegt. Nun atmen Sie durch die Nase oder durch den leicht geöffneten Mund aus.

Das Einatmen sollte etwa 5 Sekunden andauern und das Ausatmen ebenso lang.

Führen Sie die Bauchatmung regelmäßig bewusst über den Tag verteilt durch. Zum Beispiel morgens nach dem Aufwachen, abends vor dem Einschlafen und auf jeden Fall, wenn Sie wieder gestresst sind. Sie werden merken, dass Sie sich gleich viel wohler fühlen, der Puls sich beruhigt und Sie weniger Stress verspüren.

Das Zählen der Atmung"

Das Zählen der Atmung führt dazu, dass sich Ihre Aufmerksamkeit (also Ihre Gedanken) von stressenden Alltagsthemen abwenden. Sie lenken Ihre ganze Konzentration auf Ihre Atmung und damit bekommt Ihr Körper die Chance, neue Kraft zu tanken und sich zu erholen.

Betrachten Sie das "Zählen der Atmung" auch als Ihren Energiespender.

Und so funktioniert das „Zählen der Atmung"

Zählen Sie Ihre Atemzüge von eins bis zehn und versuchen Sie dabei langsam zu atmen.

Konkret bedeutet das 1 = einatmen; 2 = ausatmen; 3= einatmen; 4 = ausatmen... bis 10 = ausatmen.

Konzentrieren Sie sich dabei voll und ganz auf Ihre Atmung. Kommen Sie durcheinander, weil Sie Gedanken etc. stören, dann beginnen Sie wieder von vorn. Sind Sie bei 10 = ausatmen angekommen, praktizieren Sie das Ganze in umgekehrter Reihenfolge.

Nach ein paar Übungen sollte es Ihnen bereits ohne Unterbrechungen gelingen. Sie nehmen nur noch Ihren Atem wahr und werden spüren, wie er Ihre Lungen nach und nach füllt.

„Verzögerte Atmung"

Setzen Sie sich aufrecht auf einen Stuhl. Bleiben Sie dabei locker und stellen Sie die Füße aufrecht auf den Boden. Legen Sie nun die Handflächen auf Ihre Oberschenkel und schließen die Augen. Atmen Sie normal ein und sofort wieder ganz langsam aus.

Und nun das ganz Entscheidende bei dieser Übung: Die Ausatmung erfolgt sehr viel langsamer als das Einatmen – deshalb "verzögerte Ausatmung".

Nach dem Ausatmen werden Sie spüren, dass es eine kleine Verzögerung beziehungsweise Pause gibt, bevor Sie wieder einatmen.

Diese Übung machen Sie ca. 2 Minuten. Danach beenden Sie sie, indem Sie sich recken und strecken, dabei tief ein– und ausatmen und ganz langsam die Augen öffnen.

„Das Strecken"

Das Strecken gibt Ihnen Ruhe und Gelassenheit. Unsere Tagesleistungskurve wird durch Hochs und Tiefs bestimmt. Wenn wir uns im Hoch befinden, sind wir leistungsfähig und voller Elan und Kreativität. Verfallen wir ins Tief, dann ist das ein Signal unseres Körpers, dass er nach Ruhe und Entspannung sucht.

Verspüren Sie nicht auch manchmal das Bedürfnis sich zu strecken und zu recken? Dann befinden Sie sich mit großer Wahrscheinlichkeit in einem solchen Tief. Geben Sie dem Bedürfnis nach und STRECKEN Sie sich. Das Tolle daran ist, dass Sie bereits nach wenigen Wiederholungen die Übung beherrschen werden. Üben Sie diese am besten zu Hause und wenn Sie diese im Schlaf draufhaben, bauen Sie das „Strecken" einfach in Ihren Arbeitsalltag ein.

Das Strecken - So funktioniert es:

Stellen Sie sich aufrecht hin. Die Füße müssen parallel schulterbreit auseinanderstehen. Die Knie sind etwas gebeugt, die Arme hängen locker an den Seiten herunter. Das Gewicht verlagern Sie in Ihre Füße. Nacken und Rücken bilden eine Linie.

Heben Sie Ihre Hände vor den Bauch, als würden Sie eine Schale bilden.

Jetzt atmen Sie langsam ein, strecken Ihre Beine und führen die Hände langsam zu Ihrem Mund (so als würden Sie in der Schale etwas zu trinken haben). Stellen Sie sich vor, Sie würden etwas Erfrischendes trinken.

Nun atmen Sie langsam aus, während dessen Sie die Hände langsam nach außen drehen und die Arme langsam immer weiter in die Höhe strecken. Die Hände bleiben aber in der Form der Schale. Strecken Sie die Arme so lange nach oben, bis Ihr gesamter Körper ganz gestreckt ist.

Gehen Sie langsam wieder in die Ausgangsposition zurück und wiederholen diese Übung.

„Atementspannung"

Setzen Sie sich locker und aufrecht hin. Sie können sich auch bequem hinlegen.

Nun atmen Sie 6-mal tief durch die Nase ein, beim Ausatmen lassen Sie sich gedanklich fallen. Das können Sie durch ein Seufzen unterstützen.

Dabei ersetzen Sie die Zahlen durch positive Worte wie beispielsweise „Ruhe", „Entspannung", „Friede", „Zufriedenheit."

Bitte beachten Sie bei dieser Übung, dass Ihre Aufmerksamkeit auf die Nase gerichtet ist. Steuern Sie Ihren Atem nicht bewusst, sondern lassen ihn einfach fließen. Sollte Ihnen dies zu Beginn schwerfallen und Sie konzentrieren sich zu sehr auf das Zählen, dann versuchen Sie sich abzulenken.

> *„Atemgymnastik"*
>
> Stellen Sie sich mit gebeugten Knien aufrecht hin.
>
> Wippen Sie und schlenkern dabei mit den Armen.
>
> Atmen Sie ein und wieder aus. Beim Ausatmen geben Sie gedanklich alle Last nach unten ab (unterstützen durch Armbewegung). Steigern Sie langsam das Tempo, Sie können auf den Zehenspitzen wippen und schließlich auch hüpfen. Dann werden Sie wieder langsamer.

Mit Hilfe dieser Übungen sind Sie nun in der Lage, Ihren Stress äußerst schnell und überall „wegzuatmen", abgesehen von den weiteren gesundheitlichen Vorteilen wie dem Lindern bzw. Verschwinden von gefühlter Brustenge, Müdigkeit, Herzklopfen und Panikattacken. Nutzen Sie diese Atemübungen als effizientes Stressbewältigungswerkzeug.

Teil 5

Essen Sie den Stress weg

Wie ist es bei Ihnen? Sie müssen eine Präsentation fertig machen, der Termin rückt immer näher und ständig werden Sie durch irgendwelche Dinge unterbrochen. Der Kollege Stress hat sie voll und ganz in Beschlag genommen? Nehmen Sie sich dann noch die Zeit, um ganz entspannt einen gesunden Snack zu essen?

Die Realität sieht bei vielen so aus, dass Sie lieber schnell einen Schokoriegel essen oder das Essen gleich ganz ausfallen lassen. Mal ehrlich, haben Sie, wenn Sie unter Stress stehen, Muße und Zeit sich eine ausgewogene Mahlzeit zuzubereiten, geschweige denn den Nerv darüber überhaupt nachzudenken?

Stress beeinträchtigt unser Denken. Deshalb tauchen in solchen Situationen auch immer erst einmal die alten Bewährungsstrategien auf. Man unterscheidet zwischen zwei Esstypen, wenn es um das Thema Stress geht: die Stress-Esser und die Stress-Hungerer. Egal zu welchen Typen Sie sich zählen, in beiden Fällen beeinträchtigt dies auf lange Sicht Ihre Gesundheit, da Sie Ihrem Körper keine gesunde und ausgewogene Nahrung zuführen. Ihm fehlen lebensnotwendige Nährstoffe, die er jedoch benötigt, um seine Leistungsfähigkeit optimal aufrechtzuerhalten.

Stress hat also einen ganz entscheidenden Einfluss auf unser Ernährungsverhalten und somit auf unsere Gesundheit.

Ob bestimmte Lebensmittel Stress direkt reduzieren, mag ich bezweifeln, zumal dies wissenschaftlich auch nicht belegt ist. Dafür ist Stress einfach zu vielschichtig und individuell.

Eine ausgewogene und gesunde Ernährung stärkt aber unser Immunsystem, die Stressresistenz, hebt die Stimmung und kann durch Stress verursachte Defizite an Vitaminen und Mineralstoffen ausgleichen.

Was aber ist das RICHTIGE Essen?

Das RICHTIGE Essen soll Sie vor Leistungstiefs bewahren, Ihnen und Ihrem Körper alle lebensnotwendigen Nährstoffe zufügen und Sie stärken. Ihre Konzentrations- und Denkfähigkeit soll aufrecht erhalten und gestärkt werden.

Gesunde Zwischenmahlzeiten sollten deshalb vorrangig aus Gemüse, Obst oder Quarkspeisen bestehen. Speisen aus Kuhmilch sollten eher sparsam verwendet werden, da diese den Körper auf Dauer übersäuern und verschleimen.

Leere Kohlenhydrate (zum Beispiel Weißbrot, Nudeln, Kartoffeln, Reis und Co) machen Sie schnell wieder hungrig und müde. Greifen Sie stattdessen zu Vollkornprodukten, Gemüse und Obst.

Nehmen Sie sich täglich verschiedene Gemüse- und Obststückchen mit auf Arbeit. So bekommt Ihr Körper auch während der Bürozeit genügend Vitalstoffe. Jede Mahlzeit sollte aus Obst, Gemüse oder Salat bestehen.

Meiden Sie alle Arten von Zucker, auch die versteckten.

Nehmen Sie sich Zeit beim Essen. Das heißt, setzen Sie sich hin und konzentrieren Sie sich auf die Mahlzeit – ohne nebenbei Telefonate zu führen, E-Mails zu lesen etc. Denken Sie daran: Das Sättigungsgefühl tritt erst nach ca. 20 Minuten ein.

Trinken Sie über den Durst. Trinken Sie mindestens 2 Liter stilles Wasser oder ungesüßte Tees am Tag. So bleiben Sie leistungsfähig.

Legen Sie sich eine Packung Mandeln, Sonnen-blumenkerne oder Walnüsse in die Schreibtischschublade. Das sind schnelle Energielieferanten, die den Körper zudem mit wichtigen Fetten versorgen.

Teil 6

Notfallkoffer bei Stress

Stress lauert überall und ergreift uns vor allem dort, wo wir die meiste unserer Zeit verbringen und viele Mitmenschen sind – im Job.

Auch wenn Sie nun wissen, welche Verhaltensweisen bei Ihnen Grund für Stress sind, ist es gerade im Job hilfreich, wenn Sie auf allgemeine Stressreduzierer zurückgreifen können.

Da wir nicht alle Dinge ändern können, liegt es nahe, dass wir uns mit diesen arrangieren und das Beste daraus machen.

Aufgeräumter Schreibtisch

Das A und O für einen stressreduzierten Bürotag ist ein aufgeräumter Schreibtisch, der gleichzeitig auch ein übersichtlicher Schreibtisch sein wollte. Schauen Sie, dass auf dem Schreibtisch möglichst wenige Dinge liegen, die Sie in jeder Art ablenken könnten. Das gilt auch für private Dinge wie Bilder, Kalender, Uhren und andere kleine hübsche Utensilien. Genauso können die beliebten Ablagefächer im Schrank verstaut bleiben oder auf dem Schrank hinter dem Schreibtisch platziert werden. Es hat sich bewährt, wirklich nur die Sachen auf dem Tisch zu haben, die man für die eben zu erledigende Aufgabe benötigt. Alles andere lenkt ab und kann unbewusst zu Stress und Panik führen. Probieren Sie es doch einmal aus.

Nach jeder erledigten Aufgabe räumen Sie die Dinge dahin, wo sie hingehören. Und zum Feierabend räumen Sie den Schreibtisch immer auf. Das kann ein schönes Feierabendritual werden. Sie können es sogar mit einer positiven Affirmation wie zum Beispiel „Hiermit lasse ich den Stress los." oder „ Auf Wiedersehen, liebe Arbeit, Du und ich werden uns nun erholen." verbinden. Seien Sie phantasievoll und kreieren Sie Ihre ganz eigene positive Formulierung.

Prioritäten setzen

Finden Sie heraus, was Ihnen wirklich wichtig ist, denn häufig verzetteln wir uns mit unwichtigen Dingen. Gründe dafür gibt es einige.

Sind in Ihrem Job die Verantwortlichkeiten nicht wirklich klar definiert? Gehören Sie vielleicht zu den immer und stets hilfsbereiten Kollegen? Hier besteht die Gefahr, dass Ihre Hilfsbereitschaft ausgenutzt wird und Sie dadurch Ihre eigentlichen Aufgaben nicht mehr schaffen.

Können Sie spontan sagen, welche Ziele Sie anstreben? Sind Sie auf der Zielgeraden oder müssen Sie vielleicht sogar überlegen, was Sie sich vor geraumer Zeit einmal als Ziel gesetzt haben? Definieren Sie also hier und jetzt klar und deutlich Ihre Ziele. Was wollen Sie erreichen und bis wann? Was ist Ihnen wirklich wichtig? Teilen Sie Ihre Aufgaben in Prioritäten ein. Oft stellt man erst auf den zweiten Blick fest, dass vermeintlich dringende Aufgaben gar nicht mehr so dringend sind. Hilfreich kann es dabei sein, sich alle Aufgaben auf einem Zettel zu notieren und in Prioritäten zu gliedern.

<u>Lassen Sie sich nicht ablenken</u>

Ablenkung zählt zu den am häufigsten empfundenen Stressoren aller Berufstätigen. Schieben Sie dem einen Riegel vor. Gerade wenn Sie an einer langwierigen Aufgabe sitzen, kann dies nervtötend sein. Um das zu umgehen, könnten Sie den Anrufbeantworter einschalten, das Telefon auf eine Kollegin umstellen oder Ihren E-Mail-Account für eine gewisse Zeit ausschalten. Kleben Sie beispielsweise einen Zettel an Ihre geschlossene Bürotür „Bitte nicht stören" (gern auch mit einer Zeit versehen, wann Sie wieder ansprechbar sind). Kommen trotzdem Kollegen zu Ihnen, dann bitten Sie diese höflich, später wiederzukommen, weil Sie in Ruhe arbeiten müssen.

<u>Delegieren Sie</u>

Möchten Sie Stress reduzieren und vorbeugen, sollten Sie Aufgaben abgeben. Schauen Sie, ob und wie Sie dieses im Team realisieren können. Stehen keine freien Kapazitäten mehr zur Verfügung, suchen Sie gemeinsam mit Ihrem Vorgesetzten nach einer Lösung.

Seien Sie auch im privaten Bereich kritisch. Überlegen Sie, ob es hier ebenfalls Möglichkeiten gibt, Aufgaben unter den Familienmitgliedern zu verteilen. Manchmal hilft es, sich externe Unterstützung zu holen. Wächst Ihnen der Garten über den Kopf? Schauen Sie nach regionalen Anbietern, die diese Aufgabe übernehmen können. Auch ein Fensterputzer oder ähnliches kann für Sie schon ein Zeitgewinn sein.

Die Kunst „Nein" zu sagen

Sie müssen nicht alles und für jeden Aufgaben übernehmen. Lernen Sie Nein zu sagen, gerade bei Aufgaben, die nicht in Ihren Bereich fallen. Lernen Sie gegenüber Ihren unmittelbaren Kollegen Nein zu sagen. Denken Sie zurück, wie oft es schon vorkam, dass Kollegen Ihre Hilfe anforderten, weil diese die Arbeiten nicht schafften. Und wie oft haben Sie diese Aufgaben mit erledigt? Das soll keinesfalls heißen, dass Sie immer Nein sagen. Finden Sie ein gesundes Mittelmaß – nicht nur im beruflichen Umfeld, auch im privaten Bereich ist dies wichtig. Sie müssen nicht immer und überall dabei sein. Sie können auch nicht jede Aufgabe erledigen. Und um dies zu realisieren, ist es wichtig, Prioritäten zu setzen und seine Ziele zu kennen.

Das Unangenehme zuerst

Es gibt einfach Dinge, die wir erledigen müssen, auch wenn sie unangenehm sind. Diese schieben wir dann nur zu gern vor uns her, bis es nicht mehr geht. Unbewusst haben wir uns aber aufgrund der Aufschieberitis schon mächtig unter Stress gesetzt. Nehmen Sie sich vor, solche Aufgaben gleich morgens zu erledigen. Da ist die Konzentrations- und

Leistungsfähigkeit meist am höchsten. Außerdem haben Sie früh schon das Gefühl, das Schlimmste erledigt zu haben. Das macht frei und lässt den Tag nicht so trüb aussehen. Belohnen Sie sich danach mit einer Aufgabe, die Ihnen Freude bereitet.

Die Kunst Pause zu machen

Gehören auch Sie zu denen, die ihre Pause regelmäßig ausfallen lassen, weil sich Berge von Arbeiten auf dem Schreibtisch türmen? Davon werden die Arbeiten nicht weniger. Im Gegenteil: Es dauert länger sie fertigzustellen, die Fehlerquote steigt ebenfalls an, denn die Kapazität unseres Gehirns ist begrenzt, um Informationen aufzunehmen und zu verarbeiten. Es ist zudem erwiesen, dass man nur circa 10 bis 20 Minuten wirklich hochkonzentriert arbeiten kann. Danach benötigen wir eine Pause, um zu regenerieren und aufgenommene Informationen verarbeiten zu können. Im Übrigen nehmen Sie auch beim Lesen, beim Reden, beim Spazierengehen und beim Betrachten Ihres Gegenübers Informationen auf.

Machen Sie also regelmäßig Pause - Pause von der Arbeit und Pause vom Arbeitsplatz. Auch das Essen am Arbeitsplatz ist keine Lösung. Körper und Geist können so nicht abschalten und auftanken. Nutzen Sie Ihre Pausen sinnvoll – möglichst weg vom Schreibtisch. Auch Gesprächsthemen über den Job sollten hintenangestellt werden. Suchen Sie sich Themen, die Freude bereiten. Gehen.

Sie zügig spazieren an der frischen Luft. So können Sie Ihren Gedanken freien Lauf lassen und kurzzeitig abschalten.

<u>Die Kunst zu entspannen und Verspannungen entgegen-zuwirken</u>

Die richtige Balance zwischen Anspannung und Entspannung ist wichtig für unser Wohlbefinden und unsere Gesundheit. Doch nicht immer kann man nach einer Stresssituation einfach so entspannen. Meist tun wir Dinge, um uns nur abzulenken. Eine gute Entspannung erkennen Sie daran, dass Ihre Muskeln locker werden (auch Ihre Gesichtsmuskeln), Ihr Puls wird ruhig, Ihre Gedanken kommen zur Ruhe.

So entspannen Sie am Arbeitsplatz:

Gehen Sie im Büro ein paar Schritte. Oder laufen Sie zu einer Kollegin in ein anderes Büro. Oft hilft es schon, kurz aus dem Raum des Geschehens zu gehen.

Machen Sie in der Pause einen Spaziergang um den Büroblock.

Nehmen Sie den Treppenaufgang oder reagieren Sie sich ab, indem Sie ein paarmal die Treppen rauf und runter gehen.

Strecken und recken Sie sich, atmen Sie dabei tief ein und aus. Einen noch besseren Effekt haben Sie, wenn Sie bei geöffnetem Fenster eine kurze Atempause einlegen.

Ein „Anti-Stress-Ball" ist ideal, um Hände und Handgelenke zu entkrampfen.

Atmen Sie bewusst tief in den Bauch ein. Das verbessert die Sauerstoffversorgung und hilft sich abzureagieren.

Manchmal hilft es auch, seine Wut laut herauszuschreien.

Lächeln Sie den Stress weg. Lächeln befreit, stärkt das Selbstbewusstsein und macht seelisch stark. Ihr Gehirn sendet Glückshormone aus. Sie werden nachkürzester Zeit Wohlbefinden und Entspannung verspüren.

Trinken Sie Kräutertees. Es gibt zahlreiche Kräuter, die beruhigend auf Körper, Geist und Seele wirken. Sie sollten jedoch beachten, circa aller 6 Wochen die Mischung zu wechseln. Kräuter sind Heildrogen und sollten nur über einen überschaubaren Zeitraum angewendet werden.

Fügen Sie alles zusammen

Und wie geht es Ihnen jetzt, nachdem Sie das Buch gelesen haben? Ich hoffe, Ihnen damit einen wirklich effektiven Weg aufgezeigt zu haben, wie Sie langfristig stressfreier leben können. Natürlich hängt es davon ab, ob Sie das Buch nur gelesen haben oder tatsächlich auch ins TUN kommen.

Mein Ziel war es, Ihnen einen Weg aufzuzeigen, wie Sie negativen Stress meiden und mit ihm umgehen können, denn ganz ausschalten können Sie ihn nie. Stress ist ein Teil der Welt, in der wir leben. Doch er ist händelbar, sobald wir uns, unsere Stärken und Schwächen genau kennen und effektiv und gezielt einsetzen.

Ich gebe Ihnen Recht, dass all die Impulse in diesem Buch im ersten Moment als unerreichbar erscheinen. Der Gedanke „Wo fange ich bloß an?" ist naheliegend.

Ich möchte Ihnen daher eine kurze Zusammenfassung geben. Trotzdem ist es unausweichlich, sich nochmals Schritt für Schritt mit jedem einzelnen Kapitel auseinanderzusetzen. Sie wissen ja nun, Stress ist nicht von heute auf morgen entstanden. Er hat sich über die Jahre hinweg schleichend in Ihrem Leben manifestiert. Und deshalb ist es wichtig, sich die Zeit zu geben, negative in positive Muster umzuschreiben. Das bedarf Zeit, Geduld, Entschlossenheit, Vertrauen in sich und Zuversicht. Doch es lohnt sich. Sie investieren in Ihr neues Bewusstsein, in Ihre Gesundheit und Ihre Energie.

Betrachten Sie dieses Buch als Ihren persönlichen Begleiter auf dem Weg zu mehr Gelassenheit und Ruhe in Ihrem Leben. Arbeiten Sie mit ihm, betrachten Sie es als Ihren persönlichen Coach zu einem gelassenerem Leben.

Wenn Sie mögen, können Sie sich auf meiner Website die in diesem Buch beschriebene Bergmeditation gratis als MP3 Version herunterladen. Auch erhalten Sie hier weitere Tipps für ein stressfreies Leben.

Haben Sie noch Fragen? Gerne können Sie mich per Mail an info@birgit-terletzki.de kontaktieren.

Ich wünsche Ihnen von Herzen viel Erfolg und Freude auf Ihrer Reise zu einem gelasseneren Leben.

Leserfragen

1. Stress, ab wann bringt er einen um?

Pauschal ist diese Frage nicht zu beantworten. Stress entsteht über einen langen Zeitraum. Er wird von jeder Person anders empfunden, auch reagieren alle Personen unterschiedlich auf Stress. Wenn bereits gesundheitliche Schäden auftreten, etwa Herz-Kreislauf-Erkrankungen, dann kann Stress Sie langfristig auch umbringen. Nur wird dies leider häufig nicht mit Stress in Verbindung gebracht. Die Folgen von Stress entstehen schleichend und meist entwickelt er eine Kette von vielen Symptomen und Erkrankungen.

2. Wie viel Stress kann ein Mensch vertragen?

Stressbedingte Krankheiten entwickeln sich nie von heute auf morgen. Sie entstehen immer schleichend und kündigen sich stets vorher an. Deshalb ist es äußerst wichtig, wieder zu lernen auf die Signale des Körpers zu achten. Doch woran erkennt man die Warnsignale?

Stellen Sie sich hierzu eine Perlenkette vor. Sie besteht aus mindestens 25 Perlen mit einem Anfang und dem Verschluss als Ende. Die Kette mit den einzelnen Perlen ist nun unser Körper. Die erste Perle ist der Alarm, die letzte Perle bzw. der Verschluss ist die Erkrankung. Der Alarm dient in diesem Fall als Warnung, er zeigt uns, dass etwas in unserem Körper

nicht stimmt. Das sind meistens die nicht definierbaren Symptome wie Schlaflosigkeit, Sodbrennen oder ein verspannter Nacken, nur um einige wenige zu nennen. Nehmen Sie das erste, das zweite Signal und auch alle anderen Alarmsignale nicht wahr, entstehen ernsthafte Erkrankungen bis hin zum Zusammenbruch.
Stärken Sie wieder Ihre Fähigkeit, auf die Warnsignale des Körpers zu hören, um eine stressbedingte Erkrankung zu verhindern.

Wenn Sie auf dem Weg über die bildlichen 25 Perlenstationen auch nur eine Station nutzen, um innezuhalten, dem Signal Aufmerksamkeit zu schenken, unterbrechen Sie die weitere stressbedingte Entwicklung von Krankheiten. Das Endstadium bleibt aus. Sie selbst haben es in der Hand, das Gift Stress wirken oder die Finger von ihm zu lassen.

3. Gibt es „Burnout Stress" wirklich oder ist das einfach ein anderer Name für Nervenzusammenbruch?

Das Burnout-Syndrom ist nicht gleich Stress. Aber es resultiert aus chronischem Stress heraus. Die Faktoren des Stresses sind Auslöser eines Burnouts. Das heißt, chronischer Stress ist die Ursache, Burnout die Folge.

4. Ist Stress eine Frage des Alters oder können auch schon kleine Kinder Stress empfinden?

Stress ist keine Frage des Alters. Tatsächlich verspüren schon Kinder Stress. Das Robert-Koch-Institut gab eine Studie heraus, die zeigt, dass bereits 15 Prozent aller Kinder von der Norm abweichende psychische Auffälligkeiten entwickeln.

Immer mehr Studenten erleiden ein Burnout, sobald sie das Studium abgeschlossen haben. Burnout ist die Folge von jahrelangem chronischen Stress. Das heißt, hier sind die Ursachen oft schon im Schulalter gelegt.

Begeben wir uns auf eine Reise in unsere eigene Kindheit zurück. Ich vergleiche sie immer gern mit der meiner heute 13-jährigen Tochter. Selbst sie sagt immer häufiger: "War das heute wieder stressig!" Diesen Begriff kannte ich mit 13 noch gar nicht. Ja, wir hatten eine unbeschwerte, stressfreie Kindheit, auch wenn ich mir mit meiner Schwester damals ein recht kleines Zimmer teilen musste, harmonisch ging es da wahrlich nicht immer zu. Das Konflikt- und Streitpotential war also recht hoch. Das Fernsehprogramm war auch so gestaltet, dass es sich höchsten mal in den Ferien lohnte zu schauen, Internet, Handy und andere elektronische Medien gab es nicht. So verbrachten wir fast unsere gesamte Freizeit im Freien beim Toben und Spielen miteinander. Dadurch kam es gar nicht dazu, inneren Druck aufzubauen. Dem wenigen Stress, dem wir ausgesetzt waren, folgte in der Regel ein schneller und gesunder Ausgleich.

Heute ist es anderes. Den Leistungsdruck, welchen unsere Kinder in der Schule zu spüren bekommen, bauen Sie in der Freizeit nicht mehr ab. Oder sehen Sie noch viele Kinder im Freien spielen? Sie kommen nach der Schule nach Hause, erledigen ihre Hausaufgaben und hängen an der Spielekonsole, am Handy, PC oder beim Fernsehen ab. All die Stressoren, die in diesem Buch genannt und im ersten Moment auf die Erwachsenen ausgerichtet sind, können genauso Ihre Kinder stressen.

5. Was ist der Unterschied zwischen positivem und negativem Stress?

Stress entsteht durch innere und äußere Reize, die den Körper zu einer Anpassungsreaktion veranlassen. Das heißt, wir interpretieren diese Reize und ihre Auswirkungen und bewerten diese entweder negativ oder positiv.

Negativer Stress, auch als Disstress bezeichnet, wird von den Betroffenen als Belastung empfunden. Lang anhaltender Disstress äußert sich mit all seinen negativen körperlichen, geistigen und seelischen Folgen. Er kann schließlich zum Burnout führen.

Ob wir Stress als negativ oder positiv empfinden, hängt von der persönlichen Bewertung, von unseren Fähigkeiten und vorhandenen Ressourcen ab. Deshalb ist Stress auch so individuell. Das, was der eine als positiven Stress empfindet, kann von dem anderen als belastend (negativ) empfunden werden.

Positiver Stress, auch Eustress genannt, wird nicht als Belastung empfunden. Im Gegenteil, er beflügelt uns eher und vermittelt uns ein Wohlgefühl. Wenn Sie zum Beispiel eine Aufgabe in einer bestimmten Zeit zu erledigen haben, diese aber gerne und mit Begeisterung machen, dann verspüren Sie den aufkommenden Zeitdruck nicht als Belastung.

Eustress wird von Faktoren beeinflusst, die uns positiv stimmen. Er erhöht unsere Aufmerksamkeit, fordert die maximale Leistungsfähigkeit unseres Körpers, ohne ihm jedoch zu schaden. Positiver Stress motiviert uns, wir empfinden Glücksmomente.

6. Gibt es eine Methode, um bei enormem Stress wieder runter zu kommen?

Spontan? Machen Sie Ihr Handy aus! Diese kleine Methode kann sofort für Entspannung sorgen. Die Welt geht davon nicht unter.

Eine weitere sehr effektive Technik ist die Atemübung.

Setzen Sie sich einen Gedankenstopp, schließen Sie die Augen, atmen Sie ganz tief ein und langsam wieder aus. Wiederholen Sie die Atemübung so lange, bis Sie merken, dass Ihr Puls langsamer wird, Sie sich beruhigen.

7. Haben unsere Vorfahren auch schon solchen Stress verspürt?

Nein. Nicht in dieser Art, wie wir ihn heute tagtäglich erleben.

Natürlich gibt es Stress schon seit Menschengedenken, auch Tiere verspüren Stress, nämlich dann, wenn sie in eine Gefahrensituation geraten, wenn sie angegriffen werden. Doch genauso schnell regenerieren sie wieder.

Und so war es auch bei unseren Vorfahren. Diese hatten ihre tägliche körperliche Ausarbeitung und zu Hause wurde sich auf die Familie konzentriert. Sie lebten weder in einer Konsum- noch Medienwelt, die uns heute mit einer permanenten Reizüberflutung unbewusst stressen.

Ihre Freizeitgestaltung bestand nicht im Computerspielen, Fernsehen, Einkaufen und ständigen Wochenendausflügen. Sie haben gemeinsam gespielt, gelesen, gebastelt, gestrickt, musiziert - alles Dinge, bei welchem unserer Körper sich erholen kann.

Der Begriff Stress stammt ursprünglich aus der Materialkunde und bedeutet Druck. Wie lange hält der Gegenstand den Druck aus, bevor er sich verformt oder gar zusammenbricht. Geprägt wurde der Begriff erst in den 30er Jahren vom Mediziner Hans Selye, als er die Auswirkungen belastender Einflüsse auf den Menschen untersuchte. Doch auch Sebastian Kneipp hat schon vor mehr als 100 Jahren den

Einfluss von körperlichen und seelischen Belastungen auf die Gesundheit erkannt. Er benutzte nur den Begriff Stress nicht. Er beschrieb es so: „Kaum irgendein Umstand kann schädlicher auf die Gesundheit wirken als die Lebensweise unserer Tage: ein fieberhaftes Hasten und Drängen aller im Kampfe um Erwerb und sichere Existenz. Es muss das Gleichgewicht hergestellt werden zwischen der Lebensweise und dem Verbrauch an Nervenkraft. Haben viele nicht Gelegenheit zur Erhaltung und Vermehrung ihrer Kräfte, so ist es notwendig, dass wenigstens zeitweilig alle Teile des Körpers geübt und in Bewegung gesetzt werden."

Ich finde, diese Aussage ist heute aktueller denn je.

8. Wann ist der richtige Zeitpunkt zu beginnen?

Wenn Sie selbst das Gefühl haben, entspannt zu sein. Vorbeugen ist besser als heilen.

Steht Ihnen der Stress nämlich schon bis zu den Ohren, bedarf es doppelter Anstrengung zu beginnen und tatsächlich etwas zu verändern. In solchen Fällen besteht die Gefahr, dass Stressbewältigung zusätzlich als Stress empfunden wird. Und genau das gilt es zu vermeiden.

9. Gibt es auch schnelle Lösungen, um meinen Stress zu bewältigen?

Schnelle Lösungen werden häufig als Rettungsanker gesehen. Sie suggerieren den Betroffenen, dass mit kurzfristigen Methoden das Problem behoben ist. Damit ist das Übel jedoch nicht an der Wurzel gepackt. Sie haben dem vielleicht ein paar Blätter und Ästlein genommen, aber die Wurzel bleibt bestehen.

Sie können mit kurzfristigen Lösungen kurzweilige Entspannung herbeiführen, geraten jedoch genauso schnell wieder in die Stressspirale hinein. Dieser zu entkommen, bedarf es langfristiger Strategien. Erfolgversprechend ist es nur dann, wenn Sie in den Spiegel schauen, sich mit sich genau auseinandersetzen, Ihre Verhaltens- und Denkmuster analysieren, verändern und dranbleiben. Das ist nicht immer leicht, aber unverzichtbar. Schnell geht es leider auch nicht. Dafür ist dieser Weg aber der nachhaltigere.

10. Ich mache regelmäßig Entspannungsübungen, reicht das nicht auch aus um Stress zu bewältigen?

Nein.

Das Praktizieren einer Entspannungsmethode sollte fester Bestandteil jeder Stressbewältigungsstrategie und Stressprävention sein. Sie gehört aus meiner Sicht zu einer gesunden Lebensweise dazu. Sie ist jedoch nicht ausreichend, um Stress zu vermeiden.

11. Habe ich nach dem Besuch des Seminars (hier ist dann das Lesen des Buches gemeint) wirklich keinen Stress mehr?

Stress werden Sie auch zukünftig im Leben haben. Wenn Sie jedoch dieses Buch gelesen haben und ins TUN gekommen sind, dann haben Sie den Grundstein dafür gelegt, dass Sie mit Stress besser umgehen, ihn in gewissen Fällen sogar ausschalten können.

Betrachten Sie Stressbewältigung als einen Teil Ihrer Gesundheit - Ihres Lebenskonzepts.

12. Wie lange muss ich Stressbewältigung praktizieren?

Betrachten Sie Stressbewältigung als ein Lebenskonzept, welches Sie fest in Ihr Leben integrieren. Stressbewältigung ist kein zeitlich begrenzter Prozess.

Stressbewältigung ist eine lebenslange Wanderung, ein lebenslanger Ausflug für einen gesunden Lebensstil.

13. Ich bin viel mit dem Auto unterwegs. Was kann ich hier bei aufkommendem Stress tun?

Akzeptieren Sie die Lage, Sie können momentan nichts daran ändern. Gerade wenn man in Eile ist und in einen Stau gerät, verlieren wir schnell die Kontrolle über die Situation und steigern uns in die aufkommenden Emotionen hinein.

Sollte es sich abzeichnen, dass Sie zu spät zu Ihrem Termin kommen, dann rufen Sie an. Stau ist nicht vorhersehbar und jeder sollte dafür Verständnis zeigen.

Regen Sie sich über die anderen Autofahrer auf? Über deren Fahrverhalten? Wozu? Auch daran können Sie nichts ändern. Versuchen Sie Mitgefühl für den anderen aufzubringen, das lässt Ihre negativen Emotionen schnell wieder abflauen. Nachsicht und Verständnis sind die Schlüsselwörter für eine stressfreie Autofahrt.

Versuchen Sie regelmäßige Pausen einzulegen. Auf einer Raststätte können Sie ein paar Entspannungs- und Atemübungen durchführen. Wenn Sie die Möglichkeit haben, an einem Park, Wald oder See Pause zu machen, dann nutzen Sie diese für einen achtsamen schnellen Spaziergang. Das entspannt und bringt neue Energie.

Haben Sie Musik, die Sie entspannt, mit welcher Sie schöne Erinnerungen in Verbindung bringen? Diese gehört für solche Situationen ins Auto.

Merkblatt zur Formulierung positiver Affirmationen

Erstellen Sie diese in der Gegenwartsform. („Ich bin" statt „Ich werde")

Formulieren Sie kurze Sätze (maximal 10 Wörter).

Berücksichtigen Sie eigene Sprachgewohnheiten wie Dialekt und Ausdrucksform.

Die Formulierung muss positiv sein. Das Unterbewusstsein versteht kein „nein".

Das gesetzte Ziel muss erreichbar sein.

Der Sprachrhythmus muss ruhig und gleichmäßig sein.

Beziehen Sie sich auf einen konkreten Stressfaktor oder eine bestimmte erwünschte Verhaltensweise.

Merkblatt für Zeichen, die eine Pause notwendig machen.

Sie haben das Gefühl, sich recken und strecken oder umherlaufen zu wollen.

Sie müssen gähnen oder seufzen.

Sie stellen fest, dass Sie nicht mehr zügig und konzentriert arbeiten oder dass Sie trödeln.

Sie stellen fest, dass Ihr Körper erschöpft und verspannt ist.

Sie driften vom Geschehen ab oder hängen Tagträumen hinterher.

Sie machen Flüchtigkeitsfehler in der Rechtschreibung, sie verrechnen sich ständig oder vertippen sich.

Sie verspüren Hunger.

Über die Autorin

Birgit Terletzki hat viele Jahre im Gesundheitsbereich gearbeitet und hat zu dieser Zeit – noch als alleinerziehende voll berufstätige Mutter – das "Hamsterrad Stress" selbst erfahren.

In dieser Phase hatte sie sich entschieden, selbst dagegen etwas zu tun und anderen Menschen dabei zu helfen wieder ihre innere Balance zu finden – trotz Karriere, Alltag und Familie.

Als gelernte Entspannungs- und Stressbewältigungstrainerin verhilft sie heute vielen Menschen zu einem gelasseneren und gesünderen Leben. Des weiteren hält sie in Unternehmen Seminare zu den besagten Themen sowie über gesunde Ernährung und Rückengesundheit.

Birgit Terletzki hat außerdem die Bücher „Gesund und fit im Büro" und „Schlanke Schlemmerrezepte" veröffentlicht.

Danksagung

Auch wenn auf dem Cover nur der Name des Autors, der Autorin steht, sind an einem solchem Projekt viele viele Menschen beteiligt. Und diesen gebührt an dieser Stelle mein besonderer Dank.

Menschen wie mein Lebenspartner Marc Bratek, der mich in manch festgefahrener Situation mit seiner Liebe und seinem eigenen Blickwinkel wieder in das richtige Fahrwasser manövriert hat. Meine Tochter, die mir sehr viel Zeit geschenkt hat, damit ich dieses Projekt angehen und fertigstellen konnte. Aber auch meinen zahlreichen Seminarteilnehmern, die mich überhaupt erst dazu gebracht haben, dass dieses Buch entstehen durfte.

Aber auch die Personen, die an der optischen Gestaltung wie Lektorat, Korrektorat und Covergestaltung beteiligt waren.

All diesen Menschen möchte ich an dieser Stelle mein ganz herzliches Dankeschön sagen.